GREGO
VOCABULÁRIO
PALAVRAS MAIS ÚTEIS

PORTUGUÊS GREGO

Para alargar o seu léxico e apurar as suas competências linguísticas

5000 palavras

Vocabulário Português-Grego - 5000 palavras
Por Andrey Taranov

Os vocabulários da T&P Books destinam-se a ajudar a aprender, a memorizar, e a rever palavras estrangeiras. O dicionário é dividido em temas, cobrindo todas as principais esferas de atividades quotidianas, negócios, ciência, cultura, etc.

O processo de aprendizagem, utilizando os dicionários baseados em temáticas da T&P Books dá-lhe as seguintes vantagens:

- Informação de origem corretamente agrupada predetermina o sucesso em fases subsequentes da memorização de palavras
- Disponibilização de palavras derivadas da mesma raiz, o que permite a memorização de unidades de texto (em vez de palavras separadas)
- Pequenas unidades de palavras facilitam o processo de estabelecimento de vínculos associativos necessários para a consolidação do vocabulário
- O nível de conhecimento da língua pode ser estimado pelo número de palavras aprendidas

Copyright © 2019 T&P Books Publishing

Todos os direitos reservados. Nenhuma parte desta publicação pode ser reproduzida, total ou parcialmente, por quaisquer métodos ou processos, sejam eles eletrónicos, mecânicos, de fotocópia ou outros, sem a autorização escrita do editor. Esta publicação não pode ser divulgada, copiada ou distribuída em nenhum formato.

T&P Books Publishing
www.tpbooks.com

ISBN: 978-1-78400-916-8

Este livro também está disponível em formato E-book.
Por favor visite www.tpbooks.com ou as principais livrarias on-line.

VOCABULÁRIO GREGO
palavras mais úteis

Os vocabulários da T&P Books destinam-se a ajudar a aprender, a memorizar, e a rever palavras estrangeiras. O vocabulário contém mais de 5000 palavras de uso comum organizadas tematicamente.

O vocabulário contém as palavras mais comummente usadas
Recomendado como adicional para qualquer curso de línguas
Satisfaz as necessidades dos iniciados e dos alunos avançados de línguas estrangeiras
Conveniente para o uso diário, sessões de revisão e atividades de auto-teste
Permite avaliar o seu vocabulário

Características especias do vocabulário

- As palavras estão organizadas de acordo com o seu significado, e não por ordem alfabética
- As palavras são apresentadas em três colunas para facilitar os processos de revisão e auto-teste
- As palavras compostas são divididas em pequenos blocos para facilitar o processo de aprendizagem
- O vocabulário oferece uma transcrição simples e adequada de cada palavra estrangeira

O vocabulário contém 155 tópicos incluindo:

Conceitos básicos, Números, Cores, Meses, Estações do ano, Unidades de medida, Roupas & Acessórios, Alimentos & Nutrição, Restaurante, Membros da Família, Parentes, Caráter, Sentimentos, Emoções, Doenças, Cidade, Passeios, Compras, Dinheiro, Casa, Lar, Escritório, Trabalho no Escritório, Importação & Exportação, Marketing, Pesquisa de Emprego, Desportos, Educação, Computador, Internet, Ferramentas, Natureza, Países, Nacionalidades e muito mais ...

T&P Books. Vocabulário Português-Grego - 5000 palavras

TABELA DE CONTEÚDOS

| Guia de pronunciação | 9 |
| Abreviaturas | 10 |

| CONCEITOS BÁSICOS | 11 |
| Conceitos básicos. Parte 1 | 11 |

1. Pronomes	11
2. Cumprimentos. Saudações. Despedidas	11
3. Como se dirigir a alguém	12
4. Números cardinais. Parte 1	12
5. Números cardinais. Parte 2	13
6. Números ordinais	14
7. Números. Frações	14
8. Números. Operações básicas	14
9. Números. Diversos	14
10. Os verbos mais importantes. Parte 1	15
11. Os verbos mais importantes. Parte 2	16
12. Os verbos mais importantes. Parte 3	17
13. Os verbos mais importantes. Parte 4	18
14. Cores	18
15. Questões	19
16. Preposições	20
17. Palavras funcionais. Advérbios. Parte 1	20
18. Palavras funcionais. Advérbios. Parte 2	22

| Conceitos básicos. Parte 2 | 24 |

19. Dias da semana	24
20. Horas. Dia e noite	24
21. Meses. Estações	25
22. Unidades de medida	27
23. Recipientes	28

| O SER HUMANO | 29 |
| O ser humano. O corpo | 29 |

| 24. Cabeça | 29 |
| 25. Corpo humano | 30 |

| Vestuário & Acessórios | 31 |

| 26. Roupa exterior. Casacos | 31 |
| 27. Vestuário de homem & mulher | 31 |

28.	Vestuário. Roupa interior	32
29.	Adereços de cabeça	32
30.	Calçado	32
31.	Acessórios pessoais	33
32.	Vestuário. Diversos	33
33.	Cuidados pessoais. Cosméticos	34
34.	Relógios de pulso. Relógios	35

Alimentação. Nutrição — 36

35.	Comida	36
36.	Bebidas	37
37.	Vegetais	38
38.	Frutos. Nozes	39
39.	Pão. Bolaria	40
40.	Pratos cozinhados	40
41.	Especiarias	41
42.	Refeições	42
43.	Por a mesa	43
44.	Restaurante	43

Família, parentes e amigos — 44

45.	Informação pessoal. Formulários	44
46.	Membros da família. Parentes	44

Medicina — 46

47.	Doenças	46
48.	Sintomas. Tratamentos. Parte 1	47
49.	Sintomas. Tratamentos. Parte 2	48
50.	Sintomas. Tratamentos. Parte 3	49
51.	Médicos	50
52.	Medicina. Drogas. Acessórios	50

HABITAT HUMANO — 52
Cidade — 52

53.	Cidade. Vida na cidade	52
54.	Instituições urbanas	53
55.	Sinais	54
56.	Transportes urbanos	56
57.	Turismo	56
58.	Compras	57
59.	Dinheiro	58
60.	Correios. Serviço postal	59

Moradia. Casa. Lar — 61

61.	Casa. Eletricidade	61

62. Moradia. Mansão	61
63. Apartamento	62
64. Mobiliário. Interior	62
65. Quarto de dormir	63
66. Cozinha	63
67. Casa de banho	64
68. Eletrodomésticos	65

ATIVIDADES HUMANAS 66
Emprego. Negócios. Parte 1 66

69. Escritório. O trabalho no escritório	66
70. Processos negociais. Parte 1	67
71. Processos negociais. Parte 2	68
72. Produção. Trabalhos	69
73. Contrato. Acordo	70
74. Importação & Exportação	71
75. Finanças	71
76. Marketing	72
77. Publicidade	73
78. Banca	73
79. Telefone. Conversação telefónica	74
80. Telefone móvel	75
81. Estacionário	75
82. Tipos de negócios	76

Emprego. Negócios. Parte 2 78

83. Espetáculo. Feira	78
84. Ciência. Investigação. Cientistas	79

Profissões e ocupações 81

85. Procura de emprego. Demissão	81
86. Gente de negócios	81
87. Profissões de serviços	82
88. Profissões militares e postos	83
89. Oficiais. Padres	84
90. Profissões agrícolas	84
91. Profissões artísticas	85
92. Várias profissões	85
93. Ocupações. Estatuto social	87

Educação 88

94. Escola	88
95. Colégio. Universidade	89
96. Ciências. Disciplinas	90
97. Sistema de escrita. Ortografia	90
98. Línguas estrangeiras	91

Descanso. Entretenimento. Viagens	93
99. Viagens	93
100. Hotel	93

EQUIPAMENTO TÉCNICO. TRANSPORTES — 95
Equipamento técnico. Transportes — 95

101. Computador	95
102. Internet. E-mail	96
103. Eletricidade	97
104. Ferramentas	97

Transportes — 100

105. Avião	100
106. Comboio	101
107. Barco	102
108. Aeroporto	103

Eventos — 105

109. Férias. Evento	105
110. Funerais. Enterro	106
111. Guerra. Soldados	106
112. Guerra. Ações militares. Parte 1	107
113. Guerra. Ações militares. Parte 2	109
114. Armas	110
115. Povos da antiguidade	112
116. Idade média	112
117. Líder. Chefe. Autoridades	114
118. Viloação da lei. Criminosos. Parte 1	115
119. Viloação da lei. Criminosos. Parte 2	116
120. Polícia. Lei. Parte 1	117
121. Polícia. Lei. Parte 2	118

NATUREZA — 120
A Terra. Parte 1 — 120

122. Espaço sideral	120
123. A Terra	121
124. Pontos cardeais	122
125. Mar. Oceano	122
126. Nomes de Mares e Oceanos	123
127. Montanhas	124
128. Nomes de montanhas	125
129. Rios	125
130. Nomes de rios	126
131. Floresta	126
132. Recursos naturais	127

A Terra. Parte 2	129
133. Tempo	129
134. Tempo extremo. Catástrofes naturais	130

Fauna	131
135. Mamíferos. Predadores	131
136. Animais selvagens	131
137. Animais domésticos	132
138. Pássaros	133
139. Peixes. Animais marinhos	135
140. Amfíbios. Répteis	135
141. Insetos	136

Flora	137
142. Árvores	137
143. Arbustos	137
144. Frutos. Bagas	138
145. Flores. Plantas	139
146. Cereais, grãos	140

PAÍSES. NACIONALIDADES	141
147. Europa Ocidental	141
148. Europa Central e de Leste	141
149. Países da ex-URSS	142
150. Asia	142
151. América do Norte	143
152. América Central do Sul	143
153. Africa	144
154. Austrália. Oceania	144
155. Cidades	144

GUIA DE PRONUNCIAÇÃO

Alfabeto fonético T&P	Exemplo Grego	Exemplo Português
[a]	αγαπάω [aɣapáo]	chamar
[e]	έπαινος [épenos]	metal
[i]	φυσικός [fisikós]	sinónimo
[o]	οθόνη [oθóni]	lobo
[u]	βουτάω [vutáo]	bonita
[b]	καμπάνα [kabána]	barril
[d]	ντετέκτιβ [detéktiv]	dentista
[f]	ράμφος [rámfos]	safári
[g]	γκολφ [golʲf]	gosto
[ɣ]	γραβάτα [ɣraváta]	agora
[j]	μπάιτ [bájt]	géiser
[ɉ]	Αίγυπτος [éjiptos]	géiser
[k]	ακόντιο [akóndio]	kiwi
[lʲ]	αλάτι [alʲáti]	barulho
[m]	μάγος [máɣos]	magnólia
[n]	ασανσέρ [asansér]	natureza
[p]	βλέπω [vlépo]	presente
[r]	ρόμβος [rómvos]	riscar
[s]	σαλάτα [salʲáta]	sanita
[ð]	πόδι [póði]	[z] - fricativa dental sonora não-sibilante
[θ]	λάθος [lʲáθos]	[s] - fricativa dental surda não-sibilante
[t]	κινητό [kinitó]	tulipa
[ʧ]	check-in [ʧek-in]	Tchau!
[v]	βραχιόλι [vraxióli]	fava
[x]	νύχτα [níxta]	fricativa uvular surda
[w]	ουίσκι [wíski]	página web
[z]	κουζίνα [kuzína]	sésamo
[']	έξι [éksi]	acento principal

ABREVIATURAS
usadas no vocabulário

Abreviaturas do Português

adj	-	adjetivo
adv	-	advérbio
anim.	-	animado
conj.	-	conjunção
desp.	-	desporto
etc.	-	etecetra
ex.	-	por exemplo
f	-	nome feminino
f pl	-	feminino plural
fem.	-	feminino
inanim.	-	inanimado
m	-	nome masculino
m pl	-	masculino plural
m, f	-	masculino, feminino
masc.	-	masculino
mat.	-	matemática
mil.	-	militar
pl	-	plural
prep.	-	preposição
pron.	-	pronome
sb.	-	sobre
sing.	-	singular
v aux	-	verbo auxiliar
vi	-	verbo intransitivo
vi, vt	-	verbo intransitivo, transitivo
vr	-	verbo reflexivo
vt	-	verbo transitivo

Abreviaturas do Grego

αρ.	-	nome masculino
αρ.πλ.	-	masculino plural
αρ./θηλ.	-	masculino, feminino
θηλ.	-	nome feminino
θηλ.πλ.	-	feminino plural
ουδ.	-	neutro
ουδ.πλ.	-	neutro plural
πλ.	-	plural

CONCEITOS BÁSICOS

Conceitos básicos. Parte 1

1. Pronomes

eu	εγώ	[eγó]
tu	εσύ	[esí]
ele	αυτός	[aftós]
ela	αυτή	[aftí]
ele, ela (neutro)	αυτό	[aftó]
nós	εμείς	[emís]
vocês	εσείς	[esís]

2. Cumprimentos. Saudações. Despedidas

Olá!	Γεια σου!	[ja su]
Bom dia! (formal)	Γεια σας!	[ja sas]
Bom dia! (de manhã)	Καλημέρα!	[kaliméra]
Boa tarde!	Καλό απόγευμα!	[kal'ó apójevma]
Boa noite!	Καλησπέρα!	[kalispéra]
cumprimentar (vt)	χαιρετώ	[xeretó]
Olá!	Γεια!	[ja]
saudação (f)	χαιρετισμός (αρ.)	[xeretizmós]
saudar (vt)	χαιρετώ	[xeretó]
O que há de novo?	Τι νέα;	[ti néa]
Até breve!	Τα λέμε σύντομα!	[ta léme síndoma]
Adeus! (sing.)	Αντίο!	[adío]
Adeus! (pl)	Αντίο σας!	[adío sas]
despedir-se (vr)	αποχαιρετώ	[apoxeretó]
Até logo!	Γεια!	[ja]
Obrigado! -a!	Ευχαριστώ!	[efxaristó]
Muito obrigado! -a!	Ευχαριστώ πολύ!	[efxaristó polí]
De nada	Παρακαλώ	[parakal'ó]
Não tem de quê	Δεν είναι τίποτα	[ðen íne típota]
De nada	Τίποτα	[típota]
Desculpa!	Με συγχωρείς!	[me sinxorís]
Desculpe!	Με συγχωρείτε!	[me sinxoríte]
desculpar (vt)	συγχωρώ	[sinxoró]
desculpar-se (vr)	ζητώ συγνώμη	[zitó siγnómi]
As minhas desculpas	Συγνώμη	[siγnómi]

Desculpe!	Με συγχωρείτε!	[me sinxoríte]
perdoar (vt)	συγχωρώ	[sinxoró]
por favor	παρακαλώ	[parakaló]
Não se esqueça!	Μην ξεχάσετε!	[min ksexásete]
Certamente! Claro!	Βεβαίως! Φυσικά!	[vevéos], [fisiká]
Claro que não!	Όχι βέβαια!	[óxi vévea]
Está bem! De acordo!	Συμφωνώ!	[simfonó]
Basta!	Αρκετά!	[arketá]

3. Como se dirigir a alguém

senhor	Κύριε	[kírie]
senhora	Κυρία	[kiría]
rapariga	Δεσποινίς	[ðespinís]
rapaz	Νεαρέ	[nearé]
menino	Αγόρι	[aγóri]
menina	δεσποινίς	[ðespinís]

4. Números cardinais. Parte 1

zero	μηδέν	[miðén]
um	ένα	[éna]
dois	δύο	[ðío]
três	τρία	[tría]
quatro	τέσσερα	[tésera]
cinco	πέντε	[pénde]
seis	έξι	[éksi]
sete	εφτά	[eftá]
oito	οχτώ	[oxtó]
nove	εννέα	[enéa]
dez	δέκα	[ðéka]
onze	ένδεκα	[énðeka]
doze	δώδεκα	[ðóðeka]
treze	δεκατρία	[ðekatría]
catorze	δεκατέσσερα	[ðekatésera]
quinze	δεκαπέντε	[ðekapénde]
dezasseis	δεκαέξι	[ðekaéksi]
dezassete	δεκαεφτά	[ðekaeftá]
dezoito	δεκαοχτώ	[ðekaoxtó]
dezanove	δεκαεννέα	[ðekaenéa]
vinte	είκοσι	[íkosi]
vinte e um	είκοσι ένα	[íkosi éna]
vinte e dois	είκοσι δύο	[ikosi ðío]
vinte e três	είκοσι τρία	[ikosi tría]
trinta	τριάντα	[triánda]
trinta e um	τριάντα ένα	[triánda éna]

trinta e dois	τριάντα δύο	[triánda ðío]
trinta e três	τριάντα τρία	[triánda tría]
quarenta	σαράντα	[saránda]
quarenta e um	σαράντα ένα	[saránda éna]
quarenta e dois	σαράντα δύο	[saránda ðío]
quarenta e três	σαράντα τρία	[saránda tría]
cinquenta	πενήντα	[penínda]
cinquenta e um	πενήντα ένα	[penínda éna]
cinquenta e dois	πενήντα δύο	[penínda ðío]
cinquenta e três	πενήντα τρία	[penínda tría]
sessenta	εξήντα	[eksínda]
sessenta e um	εξήντα ένα	[eksínda éna]
sessenta e dois	εξήντα δύο	[eksínda ðío]
sessenta e três	εξήντα τρία	[eksínda tría]
setenta	εβδομήντα	[evðomínda]
setenta e um	εβδομήντα ένα	[evðomínda éna]
setenta e dois	εβδομήντα δύο	[evðomínda ðío]
setenta e três	εβδομήντα τρία	[evðomínda tría]
oitenta	ογδόντα	[oɣðónda]
oitenta e um	ογδόντα ένα	[oɣðónda éna]
oitenta e dois	ογδόντα δύο	[oɣðónda ðío]
oitenta e três	ογδόντα τρία	[oɣðónda tría]
noventa	ενενήντα	[enenínda]
noventa e um	ενενήντα ένα	[enenínda éna]
noventa e dois	ενενήντα δύο	[enenínda ðío]
noventa e três	ενενήντα τρία	[enenínda tría]

5. Números cardinais. Parte 2

cem	εκατό	[ekató]
duzentos	διακόσια	[ðiakósia]
trezentos	τριακόσια	[triakósia]
quatrocentos	τετρακόσια	[tetrakósia]
quinhentos	πεντακόσια	[pendakósia]
seiscentos	εξακόσια	[eksakósia]
setecentos	εφτακόσια	[eftakósia]
oitocentos	οχτακόσια	[oxtakósia]
novecentos	εννιακόσια	[eniakósia]
mil	χίλια	[xília]
dois mil	δύο χιλιάδες	[ðío xiliáðes]
De quem são ...?	τρεις χιλιάδες	[tris xiliáðes]
dez mil	δέκα χιλιάδες	[ðéka xiliáðes]
cem mil	εκατό χιλιάδες	[ekató xiliáðes]
um milhão	εκατομμύριο (ουδ.)	[ekatomírio]
mil milhões	δισεκατομμύριο (ουδ.)	[ðisekatomírio]

6. Números ordinais

primeiro	πρώτος	[prótos]
segundo	δεύτερος	[δéfteros]
terceiro	τρίτος	[trítos]
quarto	τέταρτος	[tétartos]
quinto	πέμπτος	[pémptos]
sexto	έκτος	[éktos]
sétimo	έβδομος	[évδomos]
oitavo	όγδοος	[óγδoos]
nono	ένατος	[énatos]
décimo	δέκατος	[δékatos]

7. Números. Frações

fração (f)	κλάσμα (ουδ.)	[klʲázma]
um meio	ένα δεύτερο	[éna δéftero]
um terço	ένα τρίτο	[éna tríto]
um quarto	ένα τέταρτο	[éna tétarto]
um oitavo	ένα όγδοο	[éna óγδoo]
um décimo	ένα δέκατο	[éna δékato]
dois terços	δύο τρίτα	[δío tríta]
três quartos	τρία τέταρτα	[tría tétarta]

8. Números. Operações básicas

subtração (f)	αφαίρεση (θηλ.)	[aféresi]
subtrair (vi, vt)	αφαιρώ	[aferó]
divisão (f)	διαίρεση (θηλ.)	[δiéresi]
dividir (vt)	διαιρώ	[δieró]
adição (f)	πρόσθεση (θηλ.)	[prósθesi]
somar (vt)	αθροίζω	[aθrízo]
adicionar (vt)	προσθέτω	[prosθéto]
multiplicação (f)	πολλαπλασιασμός (αρ.)	[polʲaplʲasiazmós]
multiplicar (vt)	πολλαπλασιάζω	[polʲaplʲasiázo]

9. Números. Diversos

algarismo, dígito (m)	ψηφίο (ουδ.)	[psifío]
número (m)	αριθμός (αρ.)	[ariθmós]
numeral (m)	αριθμητικό (ουδ.)	[ariθmitikó]
menos (m)	μείον (ουδ.)	[míon]
mais (m)	συν (ουδ.)	[sin]
fórmula (f)	τύπος (αρ.)	[típos]
cálculo (m)	υπολογισμός (αρ.)	[ipolʲoɟizmós]
contar (vt)	μετράω	[metráo]

calcular (vt)	υπολογίζω	[ipoliojízo]
comparar (vt)	συγκρίνω	[singríno]
Quanto?	Πόσο;	[póso]
Quantos? -as?	Πόσα;	[pósa]
soma (f)	ποσό (ουδ.)	[posó]
resultado (m)	αποτέλεσμα (ουδ.)	[apotélezma]
resto (m)	υπόλοιπο (ουδ.)	[ipólipo]
alguns, algumas ...	μερικοί	[merikí]
um pouco de ...	λίγο	[líγo]
resto (m)	υπόλοιπο (ουδ.)	[ipólipo]
um e meio	ενάμισι (ουδ.)	[enámisi]
dúzia (f)	δωδεκάδα (θηλ.)	[ðoðekáða]
ao meio	στα δύο	[sta ðío]
em partes iguais	ισομερώς	[isomerós]
metade (f)	μισό (ουδ.)	[misó]
vez (f)	φορά (θηλ.)	[forá]

10. Os verbos mais importantes. Parte 1

abrir (vt)	ανοίγω	[aníγo]
acabar, terminar (vt)	τελειώνω	[telióno]
aconselhar (vt)	συμβουλεύω	[simvulévo]
adivinhar (vt)	μαντεύω	[mandévo]
advertir (vt)	προειδοποιώ	[proiðopió]
ajudar (vt)	βοηθώ	[voiθó]
almoçar (vi)	τρώω μεσημεριανό	[tróo mesimerianó]
alugar (~ um apartamento)	νοικιάζω	[nikiázo]
ameaçar (vt)	απειλώ	[apiliό]
anotar (escrever)	σημειώνω	[simióno]
apanhar (vt)	πιάνω	[piáno]
apressar-se (vr)	βιάζομαι	[viázome]
arrepender-se (vr)	λυπάμαι	[lipáme]
assinar (vt)	υπογράφω	[ipoγráfo]
atirar, disparar (vi)	πυροβολώ	[pirovolió]
brincar (vi)	αστειεύομαι	[astiévome]
brincar, jogar (crianças)	παίζω	[pézo]
buscar (vt)	ψάχνω	[psáxno]
caçar (vi)	κυνηγώ	[kiniγó]
cair (vi)	πέφτω	[péfto]
cavar (vt)	σκάβω	[skávo]
cessar (vt)	σταματώ	[stamató]
chamar (~ por socorro)	καλώ	[kalió]
chegar (vi)	έρχομαι	[érxome]
chorar (vi)	κλαίω	[kléo]
começar (vt)	αρχίζω	[arxízo]
comparar (vt)	συγκρίνω	[singríno]

compreender (vt)	καταλαβαίνω	[kataliavéno]
concordar (vi)	συμφωνώ	[simfonó]
confiar (vt)	εμπιστεύομαι	[embistévome]
confundir (equivocar-se)	μπερδεύω	[berðévo]
conhecer (vt)	γνωρίζω	[ɣnorízo]
contar (fazer contas)	υπολογίζω	[ipoliojízo]
contar com (esperar)	υπολογίζω σε ...	[ipoliojízo se]
continuar (vt)	συνεχίζω	[sinexízo]
controlar (vt)	ελέγχω	[elénxo]
convidar (vt)	προσκαλώ	[proskalió]
correr (vi)	τρέχω	[tréxo]
criar (vt)	δημιουργώ	[ðimiurɣó]
custar (vt)	κοστίζω	[kostízo]

11. Os verbos mais importantes. Parte 2

dar (vt)	δίνω	[ðíno]
dar uma dica	υπαινίσσομαι	[ipenísome]
decorar (enfeitar)	στολίζω	[stolízo]
defender (vt)	υπερασπίζω	[iperaspízo]
deixar cair (vt)	ρίχνω	[ríxno]
descer (para baixo)	κατεβαίνω	[katevéno]
desculpar-se (vr)	ζητώ συγνώμη	[zitó siɣnómi]
dirigir (~ uma empresa)	διευθύνω	[ðiefθíno]
discutir (notícias, etc.)	συζητώ	[sizitó]
dizer (vt)	λέω	[léo]
duvidar (vt)	αμφιβάλλω	[amfiválio]
encontrar (achar)	βρίσκω	[vrísko]
enganar (vt)	εξαπατώ	[eksapató]
entrar (na sala, etc.)	μπαίνω	[béno]
enviar (uma carta)	στέλνω	[stélino]
errar (equivocar-se)	κάνω λάθος	[káno liáθos]
escolher (vt)	επιλέγω	[epiléɣo]
esconder (vt)	κρύβω	[krívo]
escrever (vt)	γράφω	[ɣráfo]
esperar (o autocarro, etc.)	περιμένω	[periméno]
esperar (ter esperança)	ελπίζω	[elipízo]
esquecer (vt)	ξεχνάω	[ksexnáo]
estudar (vt)	μελετάω	[meletáo]
exigir (vt)	απαιτώ	[apetó]
existir (vi)	υπάρχω	[ipárxo]
explicar (vt)	εξηγώ	[eksiɣó]
falar (vi)	μιλάω	[miliáo]
faltar (clases, etc.)	απουσιάζω	[apusiázo]
fazer (vt)	κάνω	[káno]
ficar em silêncio	σιωπώ	[siopó]
gabar-se, jactar-se (vr)	καυχιέμαι	[kafxiéme]
gostar (apreciar)	μου αρέσει	[mu arési]

gritar (vi)	φωνάζω	[fonázo]
guardar (cartas, etc.)	διατηρώ	[ðiatiró]
informar (vt)	πληροφορώ	[pliroforó]
insistir (vi)	επιμένω	[epiméno]
insultar (vt)	προσβάλλω	[prozvál'o]
interessar-se (vr)	ενδιαφέρομαι	[enðiaférome]
ir (a pé)	πηγαίνω	[pij'éno]
ir nadar	κάνω μπάνιο	[káno bánio]
jantar (vi)	τρώω βραδινό	[tróo vraðinó]

12. Os verbos mais importantes. Parte 3

ler (vt)	διαβάζω	[ðiavázo]
libertar (cidade, etc.)	απελευθερώνω	[apelefθeróno]
matar (vt)	σκοτώνω	[skotóno]
mencionar (vt)	αναφέρω	[anaféro]
mostrar (vt)	δείχνω	[ðíxno]
mudar (modificar)	αλλάζω	[al'ázo]
nadar (vi)	κολυμπώ	[kolibó]
negar-se a ...	αρνούμαι	[arnúme]
objetar (vt)	αντιλέγω	[andiléɣo]
observar (vt)	παρατηρώ	[paratiró]
ordenar (mil.)	διατάζω	[ðiatázo]
ouvir (vt)	ακούω	[akúo]
pagar (vt)	πληρώνω	[pliróno]
parar (vi)	σταματάω	[stamatáo]
participar (vi)	συμμετέχω	[simetéxo]
pedir (comida)	παραγγέλνω	[parangél'no]
pedir (um favor, etc.)	ζητώ	[zitó]
pegar (tomar)	παίρνω	[pérno]
pensar (vt)	σκέφτομαι	[skéftome]
perceber (ver)	παρατηρώ	[paratiró]
perdoar (vt)	συγχωρώ	[sinxoró]
perguntar (vt)	ρωτάω	[rotáo]
permitir (vt)	επιτρέπω	[epitrépo]
pertencer a ...	ανήκω σε ...	[aníko se]
planear (vt)	σχεδιάζω	[sxeðiázo]
poder (vi)	μπορώ	[boró]
possuir (vt)	κατέχω	[katéxo]
preferir (vt)	προτιμώ	[protimó]
preparar (vt)	μαγειρεύω	[majirévo]
prever (vt)	προβλέπω	[provlépo]
prometer (vt)	υπόσχομαι	[ipósxome]
pronunciar (vt)	προφέρω	[proféro]
propor (vt)	προτείνω	[protíno]
punir (castigar)	τιμωρώ	[timoró]

13. Os verbos mais importantes. Parte 4

quebrar (vt)	σπάω	[spáo]
queixar-se (vr)	παραπονιέμαι	[paraponiéme]
querer (desejar)	θέλω	[θélʲo]
recomendar (vt)	προτείνω	[protíno]
repetir (dizer outra vez)	επαναλαμβάνω	[epanalʲamváno]
repreender (vt)	μαλώνω	[malʲóno]
reservar (~ um quarto)	κλείνω	[klíno]
responder (vt)	απαντώ	[apandó]
rezar, orar (vi)	προσεύχομαι	[proséfxome]
rir (vi)	γελάω	[jelʲáo]
roubar (vt)	κλέβω	[klévo]
saber (vt)	ξέρω	[kséro]
sair (~ de casa)	βγαίνω	[vjéno]
salvar (vt)	σώζω	[sózo]
seguir ...	ακολουθώ	[akolʲuθó]
sentar-se (vr)	κάθομαι	[káθome]
ser necessário	χρειάζομαι	[xriázome]
ser, estar	είμαι	[íme]
significar (vt)	σημαίνω	[siméno]
sorrir (vi)	χαμογελάω	[xamojelʲáo]
subestimar (vt)	υποτιμώ	[ipotimó]
surpreender-se (vr)	εκπλήσσομαι	[ekplísome]
tentar (vt)	προσπαθώ	[prospaθó]
ter (vt)	έχω	[éxo]
ter fome	πεινάω	[pináo]
ter medo	φοβάμαι	[fováme]
ter sede	διψάω	[ðipsáo]
tocar (com as mãos)	αγγίζω	[angízo]
tomar o pequeno-almoço	παίρνω πρωινό	[pérno proinó]
trabalhar (vi)	δουλεύω	[ðulévo]
traduzir (vt)	μεταφράζω	[metafrázo]
unir (vt)	ενώνω	[enóno]
vender (vt)	πουλώ	[pulʲó]
ver (vt)	βλέπω	[vlépo]
virar (ex. ~ à direita)	στρίβω	[strívo]
voar (vi)	πετάω	[petáo]

14. Cores

cor (f)	χρώμα (ουδ.)	[xróma]
matiz (m)	απόχρωση (θηλ.)	[apóxrosi]
tom (m)	τόνος (αρ.)	[tónos]
arco-íris (m)	ουράνιο τόξο (ουδ.)	[uránio tókso]
branco	λευκός, άσπρος	[lefkós], [áspros]

preto	μαύρος	[mávros]
cinzento	γκρίζος	[grízos]
verde	πράσινος	[prásinos]
amarelo	κίτρινος	[kítrinos]
vermelho	κόκκινος	[kókinos]
azul	μπλε	[ble]
azul claro	γαλανός	[ɣalʲanós]
rosa	ροζ	[roz]
laranja	πορτοκαλί	[portokalí]
violeta	βιολετί	[violetí]
castanho	καφετής	[kafetís]
dourado	χρυσός	[xrisós]
prateado	αργυρόχροος	[arɣiróxroos]
bege	μπεζ	[bez]
creme	κρεμ	[krem]
turquesa	τιρκουάζ, τουρκουάζ	[tirkuáz], [turkuáz]
vermelho cereja	βυσσινής	[visinís]
lilás	λιλά, λουλακής	[lilʲá], [lʲulʲakís]
carmesim	βαθυκόκκινος	[vaθikókinos]
claro	ανοιχτός	[anixtós]
escuro	σκούρος	[skúros]
vivo	έντονος	[édonos]
de cor	έγχρωμος	[énxromos]
a cores	έγχρωμος	[énxromos]
preto e branco	ασπρόμαυρος	[asprómavros]
unicolor	μονόχρωμος	[monóxromos]
multicor	πολύχρωμος	[políxromos]

15. Questões

Quem?	Ποιος;	[pios]
Que?	Τι;	[ti]
Onde?	Πού;	[pú]
Para onde?	Πού;	[pú]
De onde?	Από πού;	[apó pú]
Quando?	Πότε;	[póte]
Para quê?	Γιατί;	[jatí]
Porquê?	Γιατί;	[jatí]
Para quê?	Γιατί;	[jatí]
Como?	Πώς;	[pos]
Qual?	Ποιος;	[pios]
Qual? (entre dois ou mais)	Ποιος;	[pios]
A quem?	Σε ποιον;	[se pion]
Sobre quem?	Για ποιον;	[ja pion]
Do quê?	Για ποιο;	[ja pio]
Com quem?	Με ποιον;	[me pion]

Quantos? -as?	Πόσα;	[pósa]
Quanto?	Πόσο;	[póso]
De quem? (masc.)	Ποιανού;	[pianú]

16. Preposições

com (prep.)	με	[me]
sem (prep.)	χωρίς	[xorís]
a, para (exprime lugar)	σε	[se]
sobre (ex. falar ~)	για	[ja]
antes de ...	πριν	[prin]
diante de ...	μπροστά	[brostá]
sob (debaixo de)	κάτω από	[káto apó]
sobre (em cima de)	πάνω από	[páno apó]
sobre (~ a mesa)	σε	[se]
de (vir ~ Lisboa)	από	[apó]
de (feito ~ pedra)	από	[apó]
dentro de (~ dez minutos)	σε ...	[se ...]
por cima de ...	πάνω από	[páno apó]

17. Palavras funcionais. Advérbios. Parte 1

Onde?	Πού;	[pú]
aqui	εδώ	[eðó]
lá, ali	εκεί	[ekí]
em algum lugar	κάπου	[kápu]
em lugar nenhum	πουθενά	[puθená]
ao pé de ...	δίπλα	[ðípl'a]
ao pé da janela	δίπλα στο παράθυρο	[ðípl'a sto paráθiro]
Para onde?	Πού;	[pú]
para cá	εδώ	[eðó]
para lá	εκεί	[ekí]
daqui	αποδώ	[apoðó]
de lá, dali	αποκεί	[apokí]
perto	κοντά	[kondá]
longe	μακριά	[makriá]
perto de ...	κοντά σε	[kondá se]
ao lado de	κοντά	[kondá]
perto, não fica longe	κοντά	[kondá]
esquerdo	αριστερός	[aristerós]
à esquerda	στα αριστερά	[sta aristerá]
para esquerda	αριστερά	[aristerá]
direito	δεξιός	[ðeksiós]
à direita	στα δεξιά	[sta ðeksiá]

para direita	δεξιά	[ðeksiá]
à frente	μπροστά	[brostá]
da frente	μπροστινός	[brostinós]
em frente (para a frente)	μπροστά	[brostá]
atrás de ...	πίσω	[píso]
por detrás (vir ~)	από πίσω	[apó píso]
para trás	πίσω	[píso]
meio (m), metade (f)	μέση (θηλ.)	[mési]
no meio	στη μέση	[sti mési]
de lado	από το πλάι	[apó to pl'áj]
em todo lugar	παντού	[pandú]
ao redor (olhar ~)	γύρω	[jíro]
de dentro	από μέσα	[apó mésa]
para algum lugar	κάπου	[kápu]
diretamente	κατ'ευθείαν	[katefθían]
de volta	πίσω	[píso]
de algum lugar	από οπουδήποτε	[apó opuðípote]
de um lugar	από κάπου	[apó kápu]
em primeiro lugar	πρώτον	[próton]
em segundo lugar	δεύτερον	[ðéfteron]
em terceiro lugar	τρίτον	[tríton]
de repente	ξαφνικά	[ksafniká]
no início	στην αρχή	[stin arxí]
pela primeira vez	πρώτη φορά	[próti forá]
muito antes de ...	πολύ πριν από ...	[polí prin apó]
de novo, novamente	εκ νέου	[ek néu]
para sempre	για πάντα	[ja pánda]
nunca	ποτέ	[poté]
de novo	πάλι	[páli]
agora	τώρα	[tóra]
frequentemente	συχνά	[sixná]
então	τότε	[tóte]
urgentemente	επειγόντως	[epiγóndos]
usualmente	συνήθως	[siníθos]
a propósito, ...	παρεμπιπτόντως, ...	[parembiptóndos]
é possível	πιθανόν	[piθanón]
provavelmente	πιθανόν	[piθanón]
talvez	ίσως	[ísos]
além disso, ...	εξάλλου ...	[eksál'u]
por isso ...	συνεπώς	[sinepós]
apesar de ...	παρόλο που ...	[paról'o pu]
graças a ...	χάρη σε ...	[xári se]
que (pron.)	τι	[ti]
que (conj.)	ότι	[óti]
algo	κάτι	[káti]
alguma coisa	οτιδήποτε	[otiðípote]

nada	τίποτα	[típota]
quem	ποιος	[pios]
alguém (~ teve uma ideia ...)	κάποιος	[kápios]
alguém	κάποιος	[kápios]
ninguém	κανένας	[kanénas]
para lugar nenhum	πουθενά	[puθená]
de ninguém	κανενός	[kanenós]
de alguém	κάποιου	[kápiu]
tão	έτσι	[étsi]
também (gostaria ~ de ...)	επίσης	[epísis]
também (~ eu)	επίσης	[epísis]

18. Palavras funcionais. Advérbios. Parte 2

Porquê?	Γιατί;	[jatí]
por alguma razão	για κάποιο λόγο	[ja kápio l'óγo]
porque ...	διότι ...	[ðióti]
por qualquer razão	για κάποιο λόγο	[ja kápio l'óγo]
e (tu ~ eu)	και	[ke]
ou (ser ~ não ser)	ή	[i]
mas (porém)	μα	[ma]
para (~ a minha mãe)	για	[ja]
demasiado, muito	πάρα	[pára]
só, somente	μόνο	[móno]
exatamente	ακριβώς	[akrivós]
cerca de (~ 10 kg)	περίπου	[perípu]
aproximadamente	κατά προσέγγιση	[katá proséngisi]
aproximado	προσεγγιστικός	[prosengistikós]
quase	σχεδόν	[sxeðón]
resto (m)	υπόλοιπο (ουδ.)	[ipólipo]
cada	κάθε	[káθe]
qualquer	οποιοσδήποτε	[opiozðípote]
muitas pessoas	πολλοί	[polí]
todos	όλοι	[óli]
em troca de ...	... σε αντάλλαγμα	[se andál'aγma]
em troca	σε αντάλλαγμα	[se andál'aγma]
à mão	με το χέρι	[me to xéri]
pouco provável	δύσκολα	[ðískol'a]
provavelmente	πιθανόν	[piθanón]
de propósito	επίτηδες	[epítiðes]
por acidente	κατά λάθος	[katá l'áθos]
muito	πολύ	[polí]
por exemplo	για παράδειγμα	[ja paráðiγma]
entre	μεταξύ	[metaksí]
entre (no meio de)	ανάμεσα	[anámesa]

tanto	τόσο πολύ	[tóso polí]
especialmente	ιδιαίτερα	[iδiétera]

Conceitos básicos. Parte 2

19. Dias da semana

segunda-feira (f)	Δευτέρα (θηλ.)	[ðeftéra]
terça-feira (f)	Τρίτη (θηλ.)	[tríti]
quarta-feira (f)	Τετάρτη (θηλ.)	[tetárti]
quinta-feira (f)	Πέμπτη (θηλ.)	[pémpti]
sexta-feira (f)	Παρασκευή (θηλ.)	[paraskeví]
sábado (m)	Σάββατο (ουδ.)	[sávato]
domingo (m)	Κυριακή (θηλ.)	[kiriakí]
hoje	σήμερα	[símera]
amanhã	αύριο	[ávrio]
depois de amanhã	μεθαύριο	[meθávrio]
ontem	χθες, χτες	[xθes], [xtes]
anteontem	προχτές	[proxtés]
dia (m)	μέρα, ημέρα (θηλ.)	[méra], [iméra]
dia (m) de trabalho	εργάσιμη μέρα (θηλ.)	[eryásimi méra]
feriado (m)	αργία (θηλ.)	[arjía]
dia (m) de folga	ρεπό (ουδ.)	[repó]
fim (m) de semana	σαββατοκύριακο (ουδ.)	[savatokíriako]
o dia todo	όλη μέρα	[óli méra]
no dia seguinte	την επόμενη μέρα	[tinepómeni méra]
há dois dias	δύο μέρες πριν	[ðío méres prin]
na véspera	την παραμονή	[tin paramoní]
diário	καθημερινός	[kaθimerinós]
todos os dias	καθημερινά	[kaθimeriná]
semana (f)	εβδομάδα (θηλ.)	[evðomáda]
na semana passada	την προηγούμενη εβδομάδα	[tin proiyúmeni evðomáda]
na próxima semana	την επόμενη εβδομάδα	[tin epómeni evðomáda]
semanal	εβδομαδιαίος	[evðomaðiéos]
cada semana	εβδομαδιαία	[evðomaðiéa]
duas vezes por semana	δύο φορές την εβδομάδα	[dío forés tinevðomáda]
cada terça-feira	κάθε Τρίτη	[káθe tríti]

20. Horas. Dia e noite

manhã (f)	πρωί (ουδ.)	[proí]
de manhã	το πρωί	[to proí]
meio-dia (m)	μεσημέρι	[mesiméri]
à tarde	το απόγευμα	[to apójevma]
noite (f)	βράδυ (ουδ.)	[vráði]
à noite (noitinha)	το βράδυ	[to vráði]

noite (f)	νύχτα (θηλ.)	[níxta]
à noite	τη νύχτα	[ti níxta]
meia-noite (f)	μεσάνυχτα (ουδ.πλ.)	[mesánixta]
segundo (m)	δευτερόλεπτο (ουδ.)	[ðefterólepto]
minuto (m)	λεπτό (ουδ.)	[leptó]
hora (f)	ώρα (θηλ.)	[óra]
meia hora (f)	μισή ώρα (θηλ.)	[misí óra]
quarto (m) de hora	τέταρτο (ουδ.)	[tétarto]
quinze minutos	δεκαπέντε λεπτά	[ðekapénde leptá]
vinte e quatro horas	εικοσιτετράωρο (ουδ.)	[ikositetráoro]
nascer (m) do sol	ανατολή (θηλ.)	[anatolí]
amanhecer (m)	ξημέρωμα (ουδ.)	[ksiméroma]
madrugada (f)	νωρίς το πρωί (ουδ.)	[norís to proí]
pôr do sol (m)	ηλιοβασίλεμα (ουδ.)	[iliovasílema]
de madrugada	νωρίς το πρωί	[norís to proí]
hoje de manhã	σήμερα το πρωί	[símera to proí]
amanhã de manhã	αύριο το πρωί	[ávrio to proí]
hoje à tarde	σήμερα το απόγευμα	[símera to apójevma]
à tarde	το απόγευμα	[to apójevma]
amanhã à tarde	αύριο το απόγευμα	[ávrio to apójevma]
hoje à noite	απόψε	[apópse]
amanhã à noite	αύριο το βράδυ	[ávrio to vráði]
às três horas em ponto	στις τρεις ακριβώς	[stis tris akrivós]
por volta das quatro	στις τέσσερις περίπου	[stis téseris perípu]
às doze	μέχρι τις δώδεκα	[méxri tis ðóðeka]
dentro de vinte minutos	σε είκοσι λεπτά	[se íkosi leptá]
dentro duma hora	σε μια ώρα	[se mia óra]
a tempo	έγκαιρα	[éngera]
menos um quarto	παρά τέταρτο	[pará tétarto]
durante uma hora	μέσα σε μια ώρα	[mésa se mia óra]
a cada quinze minutos	κάθε δεκαπέντε λεπτά	[káθe ðekapénde leptá]
as vinte e quatro horas	όλο το εικοσιτετράωρο	[ólio to ikositetráoro]

21. Meses. Estações

janeiro (m)	Ιανουάριος (αρ.)	[januários]
fevereiro (m)	Φεβρουάριος (αρ.)	[fevruários]
março (m)	Μάρτιος (αρ.)	[mártios]
abril (m)	Απρίλιος (αρ.)	[aprílios]
maio (m)	Μάιος (αρ.)	[májos]
junho (m)	Ιούνιος (αρ.)	[iúnios]
julho (m)	Ιούλιος (αρ.)	[iúlios]
agosto (m)	Αύγουστος (αρ.)	[ávγustos]
setembro (m)	Σεπτέμβριος (αρ.)	[septémvrios]
outubro (m)	Οκτώβριος (αρ.)	[októvrios]

| novembro (m) | Νοέμβριος (αρ.) | [noémvrios] |
| dezembro (m) | Δεκέμβριος (αρ.) | [ðekémvrios] |

primavera (f)	άνοιξη (θηλ.)	[ániksi]
na primavera	την άνοιξη	[tin ániksi]
primaveril	ανοιξιάτικος	[aniksiátikos]

verão (m)	καλοκαίρι (ουδ.)	[kalʲokéri]
no verão	το καλοκαίρι	[to kalʲokéri]
de verão	καλοκαιρινός	[kalʲokerinós]

outono (m)	φθινόπωρο (ουδ.)	[fθinóporo]
no outono	το φθινόπωρο	[to fθinóporo]
outonal	φθινοπωρινός	[fθinoporinós]

inverno (m)	χειμώνας (αρ.)	[ximónas]
no inverno	το χειμώνα	[to ximóna]
de inverno	χειμωνιάτικος	[ximoniátikos]

mês (m)	μήνας (αρ.)	[mínas]
este mês	αυτόν το μήνα	[aftón to mína]
no próximo mês	τον επόμενο μήνα	[ton epómeno mína]
no mês passado	τον προηγούμενο μήνα	[ton proiɣúmeno mína]

há um mês	ένα μήνα πριν	[éna mína prin]
dentro de um mês	σε ένα μήνα	[se éna mína]
dentro de dois meses	σε δύο μήνες	[se ðío mínes]
todo o mês	ολόκληρος μήνας	[olʲókliros mínas]
um mês inteiro	ολόκληρος ο μήνας	[olʲókliros o mínas]

mensal	μηνιαίος	[miniéos]
mensalmente	μηνιαία	[miniéa]
cada mês	κάθε μήνα	[káθe mína]
duas vezes por mês	δύο φορές το μήνα	[ðío forés tomína]

ano (m)	χρόνος (αρ.)	[xrónos]
este ano	φέτος	[fétos]
no próximo ano	του χρόνου	[tu xrónu]
no ano passado	πέρσι	[pérsi]

há um ano	ένα χρόνο πριν	[éna xróno prin]
dentro dum ano	σε ένα χρόνο	[se éna xróno]
dentro de 2 anos	σε δύο χρόνια	[se ðío xrónia]
todo o ano	ολόκληρος χρόνος	[olʲókliros oxrónos]
um ano inteiro	ολόκληρος ο χρόνος	[olʲókliros o xrónos]

cada ano	κάθε χρόνο	[káθe xróno]
anual	ετήσιος	[etísios]
anualmente	ετήσια	[etísia]
quatro vezes por ano	τέσσερις φορές το χρόνο	[teseris forés toxróno]

data (~ de hoje)	ημερομηνία (θηλ.)	[imerominía]
data (ex. ~ de nascimento)	ημερομηνία (θηλ.)	[imerominía]
calendário (m)	ημερολόγιο (ουδ.)	[imerolʲójo]
meio ano	μισός χρόνος	[misós xrónos]
seis meses	εξάμηνο (ουδ.)	[eksámino]

estação (f)	εποχή (θηλ.)	[epoxí]
século (m)	αιώνας (αρ.)	[eónas]

22. Unidades de medida

peso (m)	βάρος (ουδ.)	[város]
comprimento (m)	μάκρος (ουδ.)	[mákros]
largura (f)	πλάτος (ουδ.)	[plⁱátos]
altura (f)	ύψος (ουδ.)	[ípsos]
profundidade (f)	βάθος (ουδ.)	[váθos]
volume (m)	όγκος (αρ.)	[óngos]
área (f)	εμβαδόν (ουδ.)	[emvaðón]

grama (m)	γραμμάριο (ουδ.)	[γramário]
miligrama (m)	χιλιοστόγραμμο (ουδ.)	[xiliostóγramo]
quilograma (m)	κιλό (ουδ.)	[kilⁱó]
tonelada (f)	τόνος (αρ.)	[tónos]
libra (453,6 gramas)	λίβρα (θηλ.)	[lívra]
onça (f)	ουγγιά (θηλ.)	[ungiá]

metro (m)	μέτρο (ουδ.)	[métro]
milímetro (m)	χιλιοστό (ουδ.)	[xiliostó]
centímetro (m)	εκατοστό (ουδ.)	[ekatostó]
quilómetro (m)	χιλιόμετρο (ουδ.)	[xiliómetro]
milha (f)	μίλι (ουδ.)	[míli]

polegada (f)	ίντσα (θηλ.)	[íntsa]
pé (304,74 mm)	πόδι (ουδ.)	[pódi]
jarda (914,383 mm)	γιάρδα (θηλ.)	[járða]

metro (m) quadrado	τετραγωνικό μέτρο (ουδ.)	[tetraγonikó métro]
hectare (m)	εκτάριο (ουδ.)	[ektário]

litro (m)	λίτρο (ουδ.)	[lítro]
grau (m)	βαθμός (αρ.)	[vaθmós]
volt (m)	βολτ (ουδ.)	[volⁱt]
ampere (m)	αμπέρ (ουδ.)	[ambér]
cavalo-vapor (m)	ιπποδύναμη (θηλ.)	[ipoðínami]

quantidade (f)	ποσότητα (θηλ.)	[posótita]
um pouco de …	λίγος …	[líγos]
metade (f)	μισό (ουδ.)	[misó]

dúzia (f)	δωδεκάδα (θηλ.)	[ðoðekáða]
peça (f)	τεμάχιο (ουδ.)	[temáxio]

dimensão (f)	μέγεθος (ουδ.)	[méjeθos]
escala (f)	κλίμακα (θηλ.)	[klímaka]

mínimo	ελάχιστος	[elⁱáxistos]
menor, mais pequeno	μικρότερος	[mikróteros]
médio	μεσαίος	[meséos]
máximo	μέγιστος	[méjistos]
maior, mais grande	μεγαλύτερος	[meγalíteros]

23. Recipientes

boião (m) de vidro	βάζο (ουδ.)	[vázo]
lata (~ de cerveja)	κουτί (ουδ.)	[kutí]
balde (m)	κουβάς (αρ.)	[kuvás]
barril (m)	βαρέλι (ουδ.)	[varéli]
bacia (~ de plástico)	λεκάνη (θηλ.)	[lekáni]
tanque (m)	δεξαμενή (θηλ.)	[ðeksamení]
cantil (m) de bolso	φλασκί (ουδ.)	[fl‵askí]
bidão (m) de gasolina	κάνιστρο (ουδ.)	[kánistro]
cisterna (f)	δεξαμενή (θηλ.)	[ðeksamení]
caneca (f)	κούπα (θηλ.)	[kúpa]
chávena (f)	φλιτζάνι (ουδ.)	[flidzáni]
pires (m)	πιατάκι (ουδ.)	[piatáki]
copo (m)	ποτήρι (ουδ.)	[potíri]
taça (f) de vinho	κρασοπότηρο (ουδ.)	[krasopótiro]
panela, caçarola (f)	κατσαρόλα (θηλ.)	[katsaról‵a]
garrafa (f)	μπουκάλι (ουδ.)	[bukáli]
gargalo (m)	λαιμός (αρ.)	[lemós]
jarro, garrafa (f)	καράφα (θηλ.)	[karáfa]
jarro (m) de barro	κανάτα (θηλ.)	[kanáta]
recipiente (m)	δοχείο (ουδ.)	[ðoxío]
pote (m)	πήλινο (ουδ.)	[pílino]
vaso (m)	βάζο (ουδ.)	[vázo]
frasco (~ de perfume)	μπουκαλάκι (ουδ.)	[bukal‵áki]
frasquinho (ex. ~ de iodo)	φιαλίδιο (ουδ.)	[fialíðio]
tubo (~ de pasta dentífrica)	σωληνάριο (ουδ.)	[solinário]
saca (ex. ~ de açúcar)	σακί, τσουβάλι (ουδ.)	[sakí], [tsuváli]
saco (~ de plástico)	σακούλα (θηλ.)	[sakúl‵a]
maço (m)	πακέτο (ουδ.)	[pakéto]
caixa (~ de sapatos, etc.)	κουτί (ουδ.)	[kutí]
caixa (~ de madeira)	κιβώτιο (ουδ.)	[kivótio]
cesta (f)	καλάθι (ουδ.)	[kal‵áθi]

O SER HUMANO

O ser humano. O corpo

24. Cabeça

cabeça (f)	κεφάλι (ουδ.)	[kefáli]
cara (f)	πρόσωπο (ουδ.)	[prósopo]
nariz (m)	μύτη (θηλ.)	[míti]
boca (f)	στόμα (ουδ.)	[stóma]
olho (m)	μάτι (ουδ.)	[máti]
olhos (m pl)	μάτια (ουδ.πλ.)	[mátia]
pupila (f)	κόρη (θηλ.)	[kóri]
sobrancelha (f)	φρύδι (ουδ.)	[fríði]
pestana (f)	βλεφαρίδα (θηλ.)	[vlefaríða]
pálpebra (f)	βλέφαρο (ουδ.)	[vléfaro]
língua (f)	γλώσσα (θηλ.)	[ɣlʲósa]
dente (m)	δόντι (ουδ.)	[ðóndi]
lábios (m pl)	χείλη (ουδ.πλ.)	[xíli]
maçãs (f pl) do rosto	ζυγωματικά (ουδ.πλ.)	[ziɣomatiká]
gengiva (f)	ούλο (ουδ.)	[úlʲo]
palato (m)	ουρανίσκος (αρ.)	[uranískos]
narinas (f pl)	ρουθούνια (ουδ.πλ.)	[ruθúnia]
queixo (m)	πηγούνι (ουδ.)	[piɣúni]
mandíbula (f)	σαγόνι (ουδ.)	[saɣóni]
bochecha (f)	μάγουλο (ουδ.)	[máɣulʲo]
testa (f)	μέτωπο (ουδ.)	[métopo]
têmpora (f)	κρόταφος (αρ.)	[krótafos]
orelha (f)	αυτί (ουδ.)	[aftí]
nuca (f)	πίσω μέρος του κεφαλιού (ουδ.)	[píso méros tu kefaliú]
pescoço (m)	αυχένας, σβέρκος (αρ.)	[afxénas], [svérkos]
garganta (f)	λαιμός (αρ.)	[lemós]
cabelos (m pl)	μαλλιά (ουδ.πλ.)	[maliá]
penteado (m)	χτένισμα (ουδ.)	[xténizma]
corte (m) de cabelo	κούρεμα (ουδ.)	[kúrema]
peruca (f)	περούκα (θηλ.)	[perúka]
bigode (m)	μουστάκι (ουδ.)	[mustáki]
barba (f)	μούσι (ουδ.)	[músi]
usar, ter (~ barba, etc.)	φορώ	[foró]
trança (f)	κοτσίδα (θηλ.)	[kotsíða]
suíças (f pl)	φαβορίτες (θηλ.πλ.)	[favorítes]
ruivo	κοκκινομάλλης	[kokinomális]

grisalho	γκρίζος	[grízos]
calvo	φαλακρός	[falʲakrós]
calva (f)	φαλάκρα (θηλ.)	[falʲákra]
rabo-de-cavalo (m)	αλογοουρά (θηλ.)	[alʲoγourá]
franja (f)	φράντζα (θηλ.)	[frándza]

25. Corpo humano

mão (f)	χέρι (ουδ.)	[xéri]
braço (m)	χέρι (ουδ.)	[xéri]
dedo (m)	δάχτυλο (ουδ.)	[δáxtilʲo]
polegar (m)	αντίχειρας (αρ.)	[andíxiras]
dedo (m) mindinho	μικρό δάχτυλο (ουδ.)	[mikró δáxtilʲo]
unha (f)	νύχι (ουδ.)	[níxi]
punho (m)	γροθιά (θηλ.)	[γroθxá]
palma (f) da mão	παλάμη (θηλ.)	[palʲámi]
pulso (m)	καρπός (αρ.)	[karpós]
antebraço (m)	πήχης (αρ.)	[píxis]
cotovelo (m)	αγκώνας (αρ.)	[angónas]
ombro (m)	ώμος (αρ.)	[ómos]
perna (f)	πόδι (ουδ.)	[póδi]
pé (m)	πόδι (ουδ.)	[póδi]
joelho (m)	γόνατο (ουδ.)	[γónato]
barriga (f) da perna	γάμπα (θηλ.)	[γámba]
anca (f)	γοφός (αρ.)	[γofós]
calcanhar (m)	φτέρνα (θηλ.)	[ftérna]
corpo (m)	σώμα (ουδ.)	[sóma]
barriga (f)	κοιλιά (θηλ.)	[kiliá]
peito (m)	στήθος (ουδ.)	[stíθos]
seio (m)	στήθος (ουδ.)	[stíθos]
lado (m)	λαγόνα (θηλ.)	[lʲaγóna]
costas (f pl)	πλάτη (θηλ.)	[plʲáti]
região (f) lombar	οσφυική χώρα (θηλ.)	[osfikí xóra]
cintura (f)	οσφύς (θηλ.)	[osfís]
umbigo (m)	ομφαλός (αρ.)	[omfalʲós]
nádegas (f pl)	οπίσθια (ουδ.πλ.)	[opísθxa]
traseiro (m)	πισινός (αρ.)	[pisinós]
sinal (m)	ελιά (θηλ.)	[eliá]
sinal (m) de nascença	σημάδι εκ γενετής (ουδ.)	[simáδi ek jenetís]
tatuagem (f)	τατουάζ (ουδ.)	[tatuáz]
cicatriz (f)	ουλή (θηλ.)	[ulí]

Vestuário & Acessórios

26. Roupa exterior. Casacos

roupa (f)	ενδύματα (ουδ.πλ.)	[enðímata]
roupa (f) exterior	πανωφόρια (ουδ.πλ.)	[panofória]
roupa (f) de inverno	χειμωνιάτικα ρούχα (ουδ.πλ.)	[ximoniátika rúxa]
sobretudo (m)	παλτό (ουδ.)	[palʲtó]
casaco (m) de peles	γούνα (θηλ.)	[ɣúna]
casaco curto (m) de peles	κοντογούνι (ουδ.)	[kondoɣúni]
casaco (m) acolchoado	πουπουλένιο μπουφάν (ουδ.)	[pupulénio bufán]
casaco, blusão (m)	μπουφάν (ουδ.)	[bufán]
impermeável (m)	αδιάβροχο (ουδ.)	[aðiávroxo]
impermeável	αδιάβροχος	[aðiávroxos]

27. Vestuário de homem & mulher

camisa (f)	πουκάμισο (ουδ.)	[pukámiso]
calças (f pl)	παντελόνι (ουδ.)	[pandelʲóni]
calças (f pl) de ganga	τζιν (ουδ.)	[dzin]
casaco (m) de fato	σακάκι (ουδ.)	[sakáki]
fato (m)	κοστούμι (ουδ.)	[kostúmi]
vestido (ex. ~ vermelho)	φόρεμα (ουδ.)	[fórema]
saia (f)	φούστα (θηλ.)	[fústa]
blusa (f)	μπλούζα (θηλ.)	[blʲúza]
casaco (m) de malha	ζακέτα (θηλ.)	[zakéta]
casaco, blazer (m)	σακάκι (ουδ.)	[sakáki]
T-shirt, camiseta (f)	μπλουζάκι (ουδ.)	[blʲuzáki]
calções (Bermudas, etc.)	σορτς (ουδ.)	[sorts]
fato (m) de treino	αθλητική φόρμα (θηλ.)	[aθlitikí fórma]
roupão (m) de banho	μπουρνούζι (ουδ.)	[burnúzi]
pijama (m)	πιτζάμα (θηλ.)	[pidzáma]
suéter (m)	πουλόβερ (ουδ.)	[pulʲóver]
pulôver (m)	πουλόβερ (ουδ.)	[pulʲóver]
colete (m)	γιλέκο (ουδ.)	[jiléko]
fraque (m)	φράκο (ουδ.)	[fráko]
smoking (m)	σμόκιν (ουδ.)	[smókin]
uniforme (m)	στολή (θηλ.)	[stolí]
roupa (f) de trabalho	τα ρούχα της δουλειάς (ουδ.πλ.)	[ta rúxa tis ðuliás]
fato-macaco (m)	φόρμα (θηλ.)	[fórma]
bata (~ branca, etc.)	ρόμπα (θηλ.)	[rómpa]

28. Vestuário. Roupa interior

roupa (f) interior	εσώρουχα (ουδ.πλ.)	[esóruxa]
camisola (f) interior	φανέλα (θηλ.)	[fanélʲa]
peúgas (f pl)	κάλτσες (θηλ.πλ.)	[kálʲtses]
camisa (f) de noite	νυχτικό (ουδ.)	[nixtikó]
sutiã (m)	σουτιέν (ουδ.)	[sutién]
meias longas (f pl)	κάλτσες μέχρι το γόνατο (θηλ.πλ.)	[kálʲtses méxri to ɣónato]
meia-calça (f)	καλτσόν (ουδ.)	[kalʲtsón]
meias (f pl)	κάλτσες (θηλ.πλ.)	[kálʲtses]
fato (m) de banho	μαγιό (ουδ.)	[majió]

29. Adereços de cabeça

chapéu (m)	καπέλο (ουδ.)	[kapélʲo]
chapéu (m) de feltro	καπέλο, φεντόρα (ουδ.)	[kapélʲo], [fedóra]
boné (m) de beisebol	καπέλο του μπέιζμπολ (ουδ.)	[kapélʲo tu béjzbolʲ]
boné (m)	κασκέτο (ουδ.)	[kaskéto]
boina (f)	μπερές (αρ.)	[berés]
capuz (m)	κουκούλα (θηλ.)	[kukúlʲa]
panamá (m)	παναμάς (αρ.)	[panamás]
gorro (m) de malha	πλεκτό καπέλο (ουδ.)	[plektó kapélʲo]
lenço (m)	μαντήλι (ουδ.)	[mandíli]
chapéu (m) de mulher	γυναικείο καπέλο (ουδ.)	[jinekío kapélʲo]
capacete (m) de proteção	κράνος (ουδ.)	[krános]
bibico (m)	δίκοχο (ουδ.)	[ðíkoxo]
capacete (m)	κράνος (ουδ.)	[krános]
chapéu-coco (m)	μπόουλερ (αρ.)	[bóuler]
chapéu (m) alto	ψηλό καπέλο (ουδ.)	[psilʲó kapélʲo]

30. Calçado

calçado (m)	υποδήματα (ουδ.πλ.)	[ipoðímata]
botinas (f pl)	παπούτσια (ουδ.πλ.)	[papútsia]
sapatos (de salto alto, etc.)	γόβες (θηλ.πλ.)	[ɣóves]
botas (f pl)	μπότες (θηλ.πλ.)	[bótes]
pantufas (f pl)	παντόφλες (θηλ.πλ.)	[pandófles]
ténis (m pl)	αθλητικά (ουδ.πλ.)	[aθlitiká]
sapatilhas (f pl)	αθλητικά παπούτσια (ουδ.πλ.)	[aθlitiká papútsia]
sandálias (f pl)	σανδάλια (ουδ.)	[sanðália]
sapateiro (m)	τσαγκάρης (αρ.)	[tsangáris]
salto (m)	τακούνι (ουδ.)	[takúni]
par (m)	ζευγάρι (ουδ.)	[zevɣári]

atacador (m)	κορδόνι (ουδ.)	[korðóni]
apertar os atacadores	δένω τα κορδόνια	[ðéno ta korðónia]
calçadeira (f)	κόκκαλο παπουτσιών (ουδ.)	[kókalʲo paputsion]
graxa (f) para calçado	κρέμα παπουτσιών (θηλ.)	[kréma paputsión]

31. Acessórios pessoais

luvas (f pl)	γάντια (ουδ.πλ.)	[ɣándia]
cachecol (m)	κασκόλ (ουδ.)	[kaskólʲ]

óculos (m pl)	γυαλιά (ουδ.πλ.)	[jaliá]
armação (f) de óculos	σκελετός (αρ.)	[skeletós]
guarda-chuva (m)	ομπρέλα (θηλ.)	[ombrélʲa]
bengala (f)	μπαστούνι (ουδ.)	[bastúni]
escova (f) para o cabelo	βούρτσα (θηλ.)	[vúrtsa]
leque (m)	βεντάλια (θηλ.)	[vendália]

gravata (f)	γραβάτα (θηλ.)	[ɣraváta]
gravata-borboleta (f)	παπιγιόν (ουδ.)	[papijón]
suspensórios (m pl)	τιράντες (θηλ.πλ.)	[tirándes]
lenço (m)	μαντήλι (ουδ.)	[mandíli]

pente (m)	χτένα (θηλ.)	[xténa]
travessão (m)	φουρκέτα (θηλ.)	[furkéta]
gancho (m) de cabelo	φουρκέτα (θηλ.)	[furkéta]
fivela (f)	πόρπη (θηλ.)	[pórpi]

cinto (m)	ζώνη (θηλ.)	[zóni]
correia (f)	λουρί (αρ.)	[lʲurí]

mala (f)	τσάντα (θηλ.)	[tsánda]
mala (f) de senhora	τσάντα (θηλ.)	[tsánda]
mochila (f)	σακίδιο (ουδ.)	[sakíðio]

32. Vestuário. Diversos

moda (f)	μόδα (θηλ.)	[móða]
na moda	της μόδας	[tis móðas]
estilista (m)	σχεδιαστής (αρ.)	[sxeðiastís]

colarinho (m), gola (f)	γιακάς (αρ.)	[jakás]
bolso (m)	τσέπη (θηλ.)	[tsépi]
de bolso	της τσέπης	[tis tsépis]
manga (f)	μανίκι (ουδ.)	[maníki]
alcinha (f)	θηλιά (θηλ.)	[θiliá]
braguilha (f)	φερμουάρ (ουδ.)	[fermuár]

fecho (m) de correr	φερμουάρ (ουδ.)	[fermuár]
fecho (m), colchete (m)	κούμπωμα (ουδ.)	[kúmboma]
botão (m)	κουμπί (ουδ.)	[kumbí]
casa (f) de botão	κουμπότρυπα (θηλ.)	[kumbótripa]
soltar-se (vr)	βγαίνω	[vjéno]

coser, costurar (vi)	ράβω	[rávo]
bordar (vt)	κεντώ	[kendó]
bordado (m)	κέντημα (ουδ.)	[kéndima]
agulha (f)	βελόνα (θηλ.)	[vel'óna]
fio (m)	κλωστή (θηλ.)	[kl'ostí]
costura (f)	ραφή (θηλ.)	[rafí]
sujar-se (vr)	λερώνομαι	[lerónome]
mancha (f)	λεκές (αρ.)	[lekés]
engelhar-se (vr)	τσαλακώνομαι	[tsal'akónome]
rasgar (vt)	σκίζω	[skízo]
traça (f)	σκόρος (αρ.)	[skóros]

33. Cuidados pessoais. Cosméticos

pasta (f) de dentes	οδοντόκρεμα (θηλ.)	[oðondókrema]
escova (f) de dentes	οδοντόβουρτσα (θηλ.)	[oðondóvutsa]
escovar os dentes	πλένω τα δόντια	[pléno ta ðóndia]
máquina (f) de barbear	ξυράφι (ουδ.)	[ksiráfi]
creme (m) de barbear	κρέμα ξυρίσματος (θηλ.)	[kréma ksirízmatos]
barbear-se (vr)	ξυρίζομαι	[ksirízome]
sabonete (m)	σαπούνι (ουδ.)	[sapúni]
champô (m)	σαμπουάν (ουδ.)	[sambuán]
tesoura (f)	ψαλίδι (ουδ.)	[psalíði]
lima (f) de unhas	λίμα νυχιών (θηλ.)	[líma nixión]
corta-unhas (m)	νυχοκόπτης (αρ.)	[nixokóptis]
pinça (f)	τσιμπιδάκι (ουδ.)	[tsimbiðáki]
cosméticos (m pl)	καλλυντικά (ουδ.πλ.)	[kalindiká]
máscara (f) facial	μάσκα (θηλ.)	[máska]
manicura (f)	μανικιούρ (ουδ.)	[manikiúr]
fazer a manicura	κάνω μανικιούρ	[káno manikiúr]
pedicure (f)	πεντικιούρ (ουδ.)	[pedikiúr]
mala (f) de maquilhagem	τσαντάκι καλλυντικών (ουδ.)	[tsandáki kalindikón]
pó (m)	πούδρα (θηλ.)	[púðra]
caixa (f) de pó	πουδριέρα (θηλ.)	[puðriéra]
blush (m)	ρουζ (ουδ.)	[ruz]
perfume (m)	άρωμα (ουδ.)	[ároma]
água (f) de toilette	κολόνια (θηλ.)	[kol'ónia]
loção (f)	λοσιόν (θηλ.)	[l'osión]
água-de-colónia (f)	κολόνια (θηλ.)	[kol'ónia]
sombra (f) de olhos	σκιά ματιών (θηλ.)	[skiá matión]
lápis (m) delineador	μολύβι ματιών (ουδ.)	[molívi matión]
máscara (f), rímel (m)	μάσκαρα (θηλ.)	[máskara]
batom (m)	κραγιόν (ουδ.)	[krajión]
verniz (m) de unhas	βερνίκι νυχιών (ουδ.)	[verníki nixión]
laca (f) para cabelos	λακ μαλλιών (ουδ.)	[l'ak malión]

desodorizante (m)	αποσμητικό (ουδ.)	[apozmitikó]
creme (m)	κρέμα (θηλ.)	[kréma]
creme (m) de rosto	κρέμα προσώπου (θηλ.)	[kréma prosópu]
creme (m) de mãos	κρέμα χεριών (θηλ.)	[kréma xerión]
creme (m) antirrugas	αντιρυτιδική κρέμα (θηλ.)	[andiritiðikí kréma]
creme (m) de dia	κρέμα ημέρας (θηλ.)	[kréma iméras]
creme (m) de noite	κρέμα νυκτός (θηλ.)	[kréma niktós]
tampão (m)	ταμπόν (ουδ.)	[tabón]
papel (m) higiénico	χαρτί υγείας (ουδ.)	[xartí ijías]
secador (m) elétrico	πιστολάκι (ουδ.)	[pistoļáki]

34. Relógios de pulso. Relógios

relógio (m) de pulso	ρολόι χειρός (ουδ.)	[roļój xirós]
mostrador (m)	πλάκα ρολογιού (θηλ.)	[pļáka roļoju]
ponteiro (m)	δείκτης (αρ.)	[ðíktis]
bracelete (f) em aço	μπρασελέ (ουδ.)	[braselé]
bracelete (f) em couro	λουράκι (ουδ.)	[ļuráki]
pilha (f)	μπαταρία (θηλ.)	[bataría]
descarregar-se	εξαντλούμαι	[eksantļúme]
trocar a pilha	αλλάζω μπαταρία	[aļázo bataría]
estar adiantado	πηγαίνω μπροστά	[pijéno brostá]
estar atrasado	πηγαίνω πίσω	[pijéno píso]
relógio (m) de parede	ρολόι τοίχου (ουδ.)	[roļój tíxu]
ampulheta (f)	κλεψύδρα (θηλ.)	[klepsíðra]
relógio (m) de sol	ηλιακό ρολόι (ουδ.)	[iliakó roļój]
despertador (m)	ξυπνητήρι (ουδ.)	[ksipnitíri]
relojoeiro (m)	ωρολογοποιός (αρ.)	[oroļoγopiós]
reparar (vt)	επισκευάζω	[episkevázo]

Alimentação. Nutrição

35. Comida

carne (f)	κρέας (ουδ.)	[kréas]
galinha (f)	κότα (θηλ.)	[kóta]
frango (m)	κοτόπουλο (ουδ.)	[kotópulʲo]
pato (m)	πάπια (θηλ.)	[pápia]
ganso (m)	χήνα (θηλ.)	[xína]
caça (f)	θήραμα (ουδ.)	[θírama]
peru (m)	γαλοπούλα (θηλ.)	[ɣalʲopúlʲa]
carne (f) de porco	χοιρινό κρέας (ουδ.)	[xirinó kréas]
carne (f) de vitela	μοσχαρίσιο κρέας (ουδ.)	[mosxarísio kréas]
carne (f) de carneiro	αρνήσιο κρέας (ουδ.)	[arnísio kréas]
carne (f) de vaca	βοδινό κρέας (ουδ.)	[voðinó kréas]
carne (f) de coelho	κουνέλι (ουδ.)	[kunéli]
chouriço, salsichão (m)	λουκάνικο (ουδ.)	[lʲukániko]
salsicha (f)	λουκάνικο (ουδ.)	[lʲukániko]
bacon (m)	μπέικον (ουδ.)	[béjkon]
fiambre (f)	ζαμπόν (ουδ.)	[zabón]
presunto (m)	καπνιστό χοιρομέρι (ουδ.)	[kapnistó xiroméri]
patê (m)	πατέ (ουδ.)	[paté]
fígado (m)	συκώτι (ουδ.)	[sikóti]
carne (f) moída	κιμάς (αρ.)	[kimás]
língua (f)	γλώσσα (θηλ.)	[ɣlʲósa]
ovo (m)	αυγό (ουδ.)	[avɣó]
ovos (m pl)	αυγά (ουδ.πλ.)	[avɣá]
clara (f) do ovo	ασπράδι (ουδ.)	[aspráði]
gema (f) do ovo	κρόκος (αρ.)	[krókos]
peixe (m)	ψάρι (ουδ.)	[psári]
mariscos (m pl)	θαλασσινά (θηλ.πλ.)	[θalʲasiná]
caviar (m)	χαβιάρι (ουδ.)	[xaviári]
caranguejo (m)	καβούρι (ουδ.)	[kavúri]
camarão (m)	γαρίδα (θηλ.)	[ɣaríða]
ostra (f)	στρείδι (ουδ.)	[stríði]
lagosta (f)	ακανθωτός αστακός (αρ.)	[akanθotós astakós]
polvo (m)	χταπόδι (ουδ.)	[xtapóði]
lula (f)	καλαμάρι (ουδ.)	[kalʲamári]
esturjão (m)	οξύρυγχος (αρ.)	[oksírinxos]
salmão (m)	σολομός (αρ.)	[solʲomós]
halibute (m)	ιππόγλωσσος (αρ.)	[ipóɣlʲosos]
bacalhau (m)	μπακαλιάρος (αρ.)	[bakaliáros]
cavala, sarda (f)	σκουμπρί (ουδ.)	[skumbrí]

atum (m)	τόνος (αρ.)	[tónos]
enguia (f)	χέλι (ουδ.)	[xéli]

truta (f)	πέστροφα (θηλ.)	[péstrofa]
sardinha (f)	σαρδέλα (θηλ.)	[sarðélʲa]
lúcio (m)	λούτσος (αρ.)	[lʲútsos]
arenque (m)	ρέγγα (θηλ.)	[rénga]

pão (m)	ψωμί (ουδ.)	[psomí]
queijo (m)	τυρί (ουδ.)	[tirí]
açúcar (m)	ζάχαρη (θηλ.)	[záxari]
sal (m)	αλάτι (ουδ.)	[alʲáti]

arroz (m)	ρύζι (ουδ.)	[rízi]
massas (f pl)	ζυμαρικά (ουδ.πλ.)	[zimariká]
talharim (m)	νουντλς (ουδ.πλ.)	[nudls]

manteiga (f)	βούτυρο (ουδ.)	[vútiro]
óleo (m) vegetal	φυτικό λάδι (ουδ.)	[fitikó lʲáði]
óleo (m) de girassol	ηλιέλαιο (ουδ.)	[iliéleo]
margarina (f)	μαργαρίνη (θηλ.)	[marɣaríni]

azeitonas (f pl)	ελιές (θηλ.πλ.)	[eliés]
azeite (m)	ελαιόλαδο (ουδ.)	[eleólʲaðo]

leite (m)	γάλα (ουδ.)	[ɣálʲa]
leite (m) condensado	συμπυκνωμένο γάλα (ουδ.)	[simbiknoméno ɣálʲa]
iogurte (m)	γιαούρτι (ουδ.)	[jaúrti]
nata (f) azeda	ξινή κρέμα (θηλ.)	[ksiní kréma]
nata (f) do leite	κρέμα γάλακτος (θηλ.)	[kréma ɣálʲaktos]

maionese (f)	μαγιονέζα (θηλ.)	[majonéza]
creme (m)	κρέμα (θηλ.)	[kréma]

grãos (m pl) de cereais	πλιγούρι (ουδ.)	[pliɣúri]
farinha (f)	αλεύρι (ουδ.)	[alévri]
enlatados (m pl)	κονσέρβες (θηλ.πλ.)	[konsérves]

flocos (m pl) de milho	κορν φλέικς (ουδ.πλ.)	[kornfléjks]
mel (m)	μέλι (ουδ.)	[méli]
doce (m)	μαρμελάδα (θηλ.)	[marmelʲáða]
pastilha (f) elástica	τσίχλα (θηλ.)	[tsíxlʲa]

36. Bebidas

água (f)	νερό (ουδ.)	[neró]
água (f) potável	πόσιμο νερό (ουδ.)	[pósimo neró]
água (f) mineral	μεταλλικό νερό (ουδ.)	[metalikó neró]

sem gás	χωρίς ανθρακικό	[xorís anθrakikó]
gaseificada	ανθρακούχος	[anθrakúxos]
com gás	ανθρακούχο	[anθrakúxo]
gelo (m)	πάγος (αρ.)	[páɣos]
com gelo	με πάγο	[me páɣo]

sem álcool	χωρίς αλκοόλ	[xorís alʲkoólʲ]
bebida (f) sem álcool	αναψυκτικό (ουδ.)	[anapsiktikó]
refresco (m)	αναψυκτικό (ουδ.)	[anapsiktikó]
limonada (f)	λεμονάδα (θηλ.)	[lemonáða]

bebidas (f pl) alcoólicas	αλκοολούχα ποτά (ουδ.πλ.)	[alʲkoolʲúxa potá]
vinho (m)	κρασί (ουδ.)	[krasí]
vinho (m) branco	λευκό κρασί (ουδ.)	[lefkó krasí]
vinho (m) tinto	κόκκινο κρασί (ουδ.)	[kókino krasí]

licor (m)	λικέρ (ουδ.)	[likér]
champanhe (m)	σαμπάνια (θηλ.)	[sambánia]
vermute (m)	βερμούτ (ουδ.)	[vermút]

uísque (m)	ουίσκι (ουδ.)	[wíski]
vodka (f)	βότκα (θηλ.)	[vótka]
gim (m)	τζιν (ουδ.)	[dzin]
conhaque (m)	κονιάκ (ουδ.)	[konják]
rum (m)	ρούμι (ουδ.)	[rúmi]

café (m)	καφές (αρ.)	[kafés]
café (m) puro	σκέτος καφές (αρ.)	[skétos kafés]
café (m) com leite	καφές με γάλα (αρ.)	[kafés me ɣálʲa]
cappuccino (m)	καπουτσίνο (αρ.)	[kaputsíno]
café (m) solúvel	στιγμιαίος καφές (αρ.)	[stiɣmiéos kafes]

leite (m)	γάλα (ουδ.)	[ɣálʲa]
coquetel (m)	κοκτέιλ (ουδ.)	[koktéjlʲ]
batido (m) de leite	μιλκσέικ (ουδ.)	[milʲkséjk]

sumo (m)	χυμός (αρ.)	[ximós]
sumo (m) de tomate	χυμός ντομάτας (αρ.)	[ximós domátas]
sumo (m) de laranja	χυμός πορτοκαλιού (αρ.)	[ximós portokaliú]
sumo (m) fresco	φρέσκος χυμός (αρ.)	[fréskos ximós]

cerveja (f)	μπύρα (θηλ.)	[bíra]
cerveja (f) clara	ανοιχτόχρωμη μπύρα (θηλ.)	[anixtóxromi bíra]
cerveja (f) preta	σκούρα μπύρα (θηλ.)	[skúra bíra]

chá (m)	τσάι (ουδ.)	[tsáj]
chá (m) preto	μαύρο τσάι (ουδ.)	[mávro tsaj]
chá (m) verde	πράσινο τσάι (ουδ.)	[prásino tsaj]

37. Vegetais

| legumes (m pl) | λαχανικά (ουδ.πλ.) | [lʲaxaniká] |
| verduras (f pl) | χόρτα (ουδ.) | [xórta] |

tomate (m)	ντομάτα (θηλ.)	[domáta]
pepino (m)	αγγούρι (ουδ.)	[angúri]
cenoura (f)	καρότο (ουδ.)	[karóto]
batata (f)	πατάτα (θηλ.)	[patáta]
cebola (f)	κρεμμύδι (ουδ.)	[kremíði]
alho (m)	σκόρδο (ουδ.)	[skórðo]

couve (f)	λάχανο (ουδ.)	[lʲáxano]
couve-flor (f)	κουνουπίδι (ουδ.)	[kunupíði]
couve-de-bruxelas (f)	λαχανάκι Βρυξελλών (ουδ.)	[lʲaxanáki vrikselʲón]
brócolos (m pl)	μπρόκολο (ουδ.)	[brókolʲo]

beterraba (f)	παντζάρι (ουδ.)	[pandzári]
beringela (f)	μελιτζάνα (θηλ.)	[melidzána]
curgete (f)	κολοκύθι (ουδ.)	[kolʲokíθi]
abóbora (f)	κολοκύθα (θηλ.)	[kolʲokíθa]
nabo (m)	γογγύλι (ουδ.), ρέβα (θηλ.)	[ɣongíli], [réva]

salsa (f)	μαϊντανός (αρ.)	[majdanós]
funcho, endro (m)	άνηθος (αρ.)	[ániθos]
alface (f)	μαρούλι (ουδ.)	[marúli]
aipo (m)	σέλινο (ουδ.)	[sélino]
espargo (m)	σπαράγγι (ουδ.)	[sparángi]
espinafre (m)	σπανάκι (ουδ.)	[spanáki]

ervilha (f)	αρακάς (αρ.)	[arakás]
fava (f)	κουκί (ουδ.)	[kukí]
milho (m)	καλαμπόκι (ουδ.)	[kalʲambóki]
feijão (m)	κόκκινο φασόλι (ουδ.)	[kókino fasóli]

pimentão (m)	πιπεριά (θηλ.)	[piperiá]
rabanete (m)	ρεπανάκι (ουδ.)	[repanáki]
alcachofra (f)	αγκινάρα (θηλ.)	[anginára]

38. Frutos. Nozes

fruta (f)	φρούτο (ουδ.)	[frúto]
maçã (f)	μήλο (ουδ.)	[mílʲo]
pera (f)	αχλάδι (ουδ.)	[axlʲáði]
limão (m)	λεμόνι (ουδ.)	[lemóni]
laranja (f)	πορτοκάλι (ουδ.)	[portokáli]
morango (m)	φράουλα (θηλ.)	[fráulʲa]

tangerina (f)	μανταρίνι (ουδ.)	[mandaríni]
ameixa (f)	δαμάσκηνο (ουδ.)	[ðamáskino]
pêssego (m)	ροδάκινο (ουδ.)	[roðákino]
damasco (m)	βερίκοκο (ουδ.)	[veríkoko]
framboesa (f)	σμέουρο (ουδ.)	[zméuro]
ananás (m)	ανανάς (αρ.)	[ananás]

banana (f)	μπανάνα (θηλ.)	[banána]
melancia (f)	καρπούζι (ουδ.)	[karpúzi]
uva (f)	σταφύλι (ουδ.)	[stafíli]
ginja (f)	βύσσινο (ουδ.)	[vísino]
cereja (f)	κεράσι (ουδ.)	[kerási]
meloa (f)	πεπόνι (ουδ.)	[pepóni]

toranja (f)	γκρέιπφρουτ (ουδ.)	[gréjpfrut]
abacate (m)	αβοκάντο (ουδ.)	[avokádo]
papaia (f)	παπάγια (θηλ.)	[papája]
manga (f)	μάγκο (ουδ.)	[mángo]

romã (f)	ρόδι (ουδ.)	[ródi]
groselha (f) vermelha	κόκκινο φραγκοστάφυλο (ουδ.)	[kókino frangostáfilʲo]
groselha (f) preta	μαύρο φραγκοστάφυλο (ουδ.)	[mávro frangostáfilʲo]
groselha (f) espinhosa	λαγοκέρασο (ουδ.)	[lʲaγokéraso]
mirtilo (m)	μύρτιλλο (ουδ.)	[mírtilʲo]
amora silvestre (f)	βατόμουρο (ουδ.)	[vatómuro]
uvas (f pl) passas	σταφίδα (θηλ.)	[stafída]
figo (m)	σύκο (ουδ.)	[síko]
tâmara (f)	χουρμάς (αρ.)	[xurmás]
amendoim (m)	φυστίκι (ουδ.)	[fistíki]
amêndoa (f)	αμύγδαλο (ουδ.)	[amíγdalʲo]
noz (f)	καρύδι (ουδ.)	[karídi]
avelã (f)	φουντούκι (ουδ.)	[fundúki]
coco (m)	καρύδα (θηλ.)	[karída]
pistáchios (m pl)	φυστίκια (ουδ.πλ.)	[fistíkia]

39. Pão. Bolaria

pastelaria (f)	ζαχαροπλαστική (θηλ.)	[zaxaroplʲastikí]
pão (m)	ψωμί (ουδ.)	[psomí]
bolacha (f)	μπισκότο (ουδ.)	[biskóto]
chocolate (m)	σοκολάτα (θηλ.)	[sokolʲáta]
de chocolate	σοκολατένιος	[sokolʲaténios]
rebuçado (m)	καραμέλα (θηλ.)	[karamélʲa]
bolo (cupcake, etc.)	κέικ (ουδ.)	[kéjk]
bolo (m) de aniversário	τούρτα (θηλ.)	[túrta]
tarte (~ de maçã)	πίτα (θηλ.)	[píta]
recheio (m)	γέμιση (θηλ.)	[jémisi]
doce (m)	μαρμελάδα (θηλ.)	[marmelʲáda]
geleia (f) de frutas	μαρμελάδα (θηλ.)	[marmelʲáda]
waffle (m)	γκοφρέτες (θηλ.πλ.)	[gofrétes]
gelado (m)	παγωτό (ουδ.)	[paγotó]

40. Pratos cozinhados

prato (m)	πιάτο (ουδ.)	[piáto]
cozinha (~ portuguesa)	κουζίνα (θηλ.)	[kuzína]
receita (f)	συνταγή (θηλ.)	[sindají]
porção (f)	μερίδα (θηλ.)	[merída]
salada (f)	σαλάτα (θηλ.)	[salʲáta]
sopa (f)	σούπα (θηλ.)	[súpa]
caldo (m)	ζωμός (αρ.)	[zomós]
sandes (f)	σάντουιτς (ουδ.)	[sánduits]

ovos (m pl) estrelados	τηγανητά αυγά (ουδ.πλ.)	[tiɣanitá avɣá]
hambúrguer (m)	χάμπουργκερ (ουδ.)	[xámburger]
bife (m)	μπριζόλα (θηλ.)	[brizólʲa]

conduto (m)	συνοδευτικό πιάτο (ουδ.)	[sinoðeftikó piáto]
espaguete (m)	σπαγγέτι (ουδ.)	[spagéti]
puré (m) de batata	πουρές (αρ.)	[purés]
pizza (f)	πίτσα (θηλ.)	[pítsa]
omelete (f)	ομελέτα (θηλ.)	[omeléta]

cozido em água	βραστός	[vrastós]
fumado	καπνιστός	[kapnistós]
frito	τηγανητός	[tiɣanitós]
seco	αποξηραμένος	[apoksiraménos]
congelado	κατεψυγμένος	[katepsiɣménos]
em conserva	τουρσί	[tursí]

doce (açucarado)	γλυκός	[ɣlikós]
salgado	αλμυρός	[alʲmirós]
frio	κρύος	[kríos]
quente	ζεστός	[zestós]
amargo	πικρός	[pikrós]
gostoso	νόστιμος	[nóstimos]

cozinhar (em água a ferver)	βράζω	[vrázo]
fazer, preparar (vt)	μαγειρεύω	[majirévo]
fritar (vt)	τηγανίζω	[tiɣanízo]
aquecer (vt)	ζεσταίνω	[zesténo]

salgar (vt)	αλατίζω	[alʲatízo]
apimentar (vt)	πιπερώνω	[piperóno]
ralar (vt)	τρίβω	[trívo]
casca (f)	φλούδα (θηλ.)	[flʲúða]
descascar (vt)	καθαρίζω	[kaθarízo]

41. Especiarias

sal (m)	αλάτι (ουδ.)	[alʲáti]
salgado	αλμυρός	[alʲmirós]
salgar (vt)	αλατίζω	[alʲatízo]

pimenta (f) preta	μαύρο πιπέρι (ουδ.)	[mávro pipéri]
pimenta (f) vermelha	κόκκινο πιπέρι (ουδ.)	[kókino pipéri]
mostarda (f)	μουστάρδα (θηλ.)	[mustárða]
raiz-forte (f)	χρένο (ουδ.)	[xréno]

condimento (m)	μπαχαρικό (ουδ.)	[baxarikó]
especiaria (f)	καρύκευμα (ουδ.)	[karíkevma]
molho (m)	σάλτσα (θηλ.)	[sálʲtsa]
vinagre (m)	ξίδι (ουδ.)	[ksíði]

anis (m)	γλυκάνισος (αρ.)	[ɣlikánisos]
manjericão (m)	βασιλικός (αρ.)	[vasilikós]
cravo (m)	γαρίφαλο (ουδ.)	[ɣarífalʲo]

gengibre (m)	πιπερόριζα (θηλ.)	[piperóriza]
coentro (m)	κόλιανδρος (αρ.)	[kólianðros]
canela (f)	κανέλα (θηλ.)	[kanélʲa]
sésamo (m)	σουσάμι (ουδ.)	[susámi]
folhas (f pl) de louro	φύλλο δάφνης (ουδ.)	[fílʲo ðáfnis]
páprica (f)	πάπρικα (θηλ.)	[páprika]
cominho (m)	κύμινο (ουδ.)	[kímino]
açafrão (m)	σαφράν (ουδ.)	[safrán]

42. Refeições

comida (f)	τροφή (θηλ.), φαγητό (ουδ.)	[trofí], [fajitó]
comer (vt)	τρώω	[tróo]
pequeno-almoço (m)	πρωινό (ουδ.)	[proinó]
tomar o pequeno-almoço	παίρνω πρωινό	[pérno proinó]
almoço (m)	μεσημεριανό (ουδ.)	[mesimerianó]
almoçar (vi)	τρώω μεσημεριανό	[tróo mesimerianó]
jantar (m)	δείπνο (ουδ.)	[ðípno]
jantar (vi)	τρώω βραδινό	[tróo vraðinó]
apetite (m)	όρεξη (θηλ.)	[óreksi]
Bom apetite!	Καλή όρεξη!	[kalí óreksi]
abrir (~ uma lata, etc.)	ανοίγω	[aníγo]
derramar (vt)	χύνω	[xíno]
derramar-se (vr)	χύνομαι	[xínome]
ferver (vi)	βράζω	[vrázo]
ferver (vt)	βράζω	[vrázo]
fervido	βρασμένος	[vrazménos]
arrefecer (vt)	κρυώνω	[krióno]
arrefecer-se (vr)	κρυώνω	[krióno]
sabor, gosto (m)	γεύση (θηλ.)	[jéfsi]
gostinho (m)	επίγευση (θηλ.)	[epíjefsi]
fazer dieta	αδυνατίζω	[aðinatízo]
dieta (f)	δίαιτα (θηλ.)	[ðíeta]
vitamina (f)	βιταμίνη (θηλ.)	[vitamíni]
caloria (f)	θερμίδα (θηλ.)	[θermíða]
vegetariano (m)	χορτοφάγος (αρ.)	[xortofáγos]
vegetariano	χορτοφάγος	[xortofáγos]
gorduras (f pl)	λίπη (ουδ.πλ.)	[lípi]
proteínas (f pl)	πρωτεΐνες (θηλ.πλ.)	[proteínes]
carboidratos (m pl)	υδατάνθρακες (αρ.πλ.)	[iðatánθrakes]
fatia (~ de limão, etc.)	φέτα (θηλ.)	[féta]
pedaço (~ de bolo)	κομμάτι (ουδ.)	[komáti]
migalha (f)	ψίχουλο (ουδ.)	[psíxulʲo]

43. Por a mesa

colher (f)	κουτάλι (ουδ.)	[kutáli]
faca (f)	μαχαίρι (ουδ.)	[maxéri]
garfo (m)	πιρούνι (ουδ.)	[pirúni]
chávena (f)	φλιτζάνι (ουδ.)	[flidzáni]
prato (m)	πιάτο (ουδ.)	[piáto]
pires (m)	πιατάκι (ουδ.)	[piatáki]
guardanapo (m)	χαρτοπετσέτα (θηλ.)	[xartopetséta]
palito (m)	οδοντογλυφίδα (θηλ.)	[oðondoγlifíða]

44. Restaurante

restaurante (m)	εστιατόριο (ουδ.)	[estiatório]
café (m)	καφετέρια (θηλ.)	[kafetéria]
bar (m), cervejaria (f)	μπαρ (ουδ.), μπυραρία (θηλ.)	[bar], [biraría]
salão (m) de chá	τσαγερί (θηλ.)	[tsajerí]
empregado (m) de mesa	σερβιτόρος (αρ.)	[servitóros]
empregada (f) de mesa	σερβιτόρα (θηλ.)	[servitóra]
barman (m)	μπάρμαν (αρ.)	[bárman]
ementa (f)	κατάλογος (αρ.)	[katáljoγos]
lista (f) de vinhos	κατάλογος κρασιών (αρ.)	[katáljoγos krasión]
reservar uma mesa	κλείνω τραπέζι	[klíno trapézi]
prato (m)	πιάτο (ουδ.)	[piáto]
pedir (vt)	παραγγέλνω	[parangéljno]
fazer o pedido	κάνω παραγγελία	[káno parangelía]
aperitivo (m)	απεριτίφ (ουδ.)	[aperitíf]
entrada (f)	ορεκτικό (ουδ.)	[orektikó]
sobremesa (f)	επιδόρπιο (ουδ.)	[epiðórpio]
conta (f)	λογαριασμός (αρ.)	[ljoγariazmós]
pagar a conta	πληρώνω λογαριασμό	[pliróno ljoγariazmó]
dar o troco	δίνω τα ρέστα	[ðíno ta résta]
gorjeta (f)	πουρμπουάρ (ουδ.)	[purbuár]

Família, parentes e amigos

45. Informação pessoal. Formulários

nome (m)	όνομα (ουδ.)	[ónoma]
apelido (m)	επώνυμο (ουδ.)	[epónimo]
data (f) de nascimento	ημερομηνία γέννησης (θηλ.)	[imerominía jénisis]
local (m) de nascimento	τόπος γέννησης (αρ.)	[tópos jénisis]
nacionalidade (f)	εθνικότητα (θηλ.)	[eθnikótita]
lugar (m) de residência	τόπος διαμονής (αρ.)	[tópos ðiamonís]
país (m)	χώρα (θηλ.)	[xóra]
profissão (f)	επάγγελμα (ουδ.)	[epángelˈma]
sexo (m)	φύλο (ουδ.)	[fílˈo]
estatura (f)	ύψος, μπόι (ουδ.)	[ípsos], [bói]
peso (m)	βάρος (ουδ.)	[város]

46. Membros da família. Parentes

mãe (f)	μητέρα (θηλ.)	[mitéra]
pai (m)	πατέρας (αρ.)	[patéras]
filho (m)	γιός (αρ.)	[jos]
filha (f)	κόρη (θηλ.)	[kóri]
filha (f) mais nova	μικρότερη κόρη (ουδ.)	[mikróteri kóri]
filho (m) mais novo	μικρότερος γιός (αρ.)	[mikróteros jos]
filha (f) mais velha	μεγαλύτερη κόρη (θηλ.)	[meɣalíteri kóri]
filho (m) mais velho	μεγαλύτερος γιός (αρ.)	[meɣalíteros jiós]
irmão (m)	αδερφός (αρ.)	[aðerfós]
irmã (f)	αδερφή (θηλ.)	[aðerfí]
primo (m)	ξάδερφος (αρ.)	[ksáðerfos]
prima (f)	ξαδέρφη (θηλ.)	[ksaðérfi]
mamã (f)	μαμά (θηλ.)	[mamá]
papá (m)	μπαμπάς (αρ.)	[babás]
pais (pl)	γονείς (αρ.πλ.)	[ɣonís]
criança (f)	παιδί (ουδ.)	[peðí]
crianças (f pl)	παιδιά (ουδ.πλ.)	[peðiá]
avó (f)	γιαγιά (θηλ.)	[jajá]
avô (m)	παπούς (αρ.)	[papús]
neto (m)	εγγονός (αρ.)	[engonós]
neta (f)	εγγονή (θηλ.)	[engoní]
netos (pl)	εγγόνια (ουδ.πλ.)	[engónia]
tio (m)	θείος (αρ.)	[θíos]
tia (f)	θεία (θηλ.)	[θía]

sobrinho (m)	ανιψιός (αρ.)	[anipsiós]
sobrinha (f)	ανιψιά (θηλ.)	[anipsiá]

sogra (f)	πεθερά (θηλ.)	[peθerá]
sogro (m)	πεθερός (αρ.)	[peθerós]
genro (m)	γαμπρός (αρ.)	[γambrós]
madrasta (f)	μητριά (θηλ.)	[mitriá]
padrasto (m)	πατριός (αρ.)	[patriós]

criança (f) de colo	βρέφος (ουδ.)	[vréfos]
bebé (m)	βρέφος (ουδ.)	[vréfos]
menino (m)	νήπιο (ουδ.)	[nípio]

mulher (f)	γυναίκα (θηλ.)	[jinéka]
marido (m)	άνδρας (αρ.)	[ánðras]
esposo (m)	σύζυγος (αρ.)	[síziγos]
esposa (f)	σύζυγος (θηλ.)	[síziγos]

casado	παντρεμένος	[pandreménos]
casada	παντρεμένη	[pandreméni]
solteiro	ανύπαντρος	[anípandros]
solteirão (m)	εργένης (αρ.)	[erjénis]
divorciado	χωρισμένος	[xorizménos]
viúva (f)	χήρα (θηλ.)	[xíra]
viúvo (m)	χήρος (αρ.)	[xíros]

parente (m)	συγγενής (αρ.)	[singenís]
parente (m) próximo	κοντινός συγγενής (αρ.)	[kondinós singenís]
parente (m) distante	μακρινός συγγενής (αρ.)	[makrinós singenís]
parentes (m pl)	συγγενείς (αρ.πλ.)	[singenís]

órfão (m), órfã (f)	ορφανό (ουδ.)	[orfanó]
tutor (m)	κηδεμόνας (αρ.)	[kiðemónas]
adotar (um filho)	υιοθετώ	[ioθetó]
adotar (uma filha)	υιοθετώ	[ioθetó]

Medicina

47. Doenças

doença (f)	αρρώστια (θηλ.)	[aróstia]
estar doente	είμαι άρρωστος	[íme árostos]
saúde (f)	υγεία (θηλ.)	[ijía]
nariz (m) a escorrer	συνάχι (ουδ.)	[sináxi]
amigdalite (f)	αμυγδαλίτιδα (θηλ.)	[amiɣðalítiða]
constipação (f)	κρυολόγημα (ουδ.)	[kriolʲójima]
constipar-se (vr)	κρυολογώ	[kriolʲoɣó]
bronquite (f)	βρογχίτιδα (θηλ.)	[vronxítiða]
pneumonia (f)	πνευμονία (θηλ.)	[pnevmonía]
gripe (f)	γρίπη (θηλ.)	[ɣrípi]
míope	μύωπας	[míopas]
presbita	πρεσβύωπας	[prezvíopas]
estrabismo (m)	στραβισμός (αρ.)	[stravizmós]
estrábico	αλλήθωρος	[alíθoros]
catarata (f)	καταρράκτης (αρ.)	[kataráktis]
glaucoma (m)	γλαύκωμα (ουδ.)	[ɣlʲáfkoma]
AVC (m), apoplexia (f)	αποπληξία (θηλ.)	[apopliksía]
ataque (m) cardíaco	έμφραγμα (ουδ.)	[émfraɣma]
enfarte (m) do miocárdio	έμφραγμα του μυοκαρδίου (ουδ.)	[émfraɣma tu miokarðíu]
paralisia (f)	παράλυση (θηλ.)	[parálisi]
paralisar (vt)	παραλύω	[paralío]
alergia (f)	αλλεργία (θηλ.)	[alerjía]
asma (f)	άσθμα (ουδ.)	[ásθma]
diabetes (f)	διαβήτης (αρ.)	[ðiavítis]
dor (f) de dentes	πονόδοντος (αρ.)	[ponóðondos]
cárie (f)	τερηδόνα (θηλ.)	[teriðóna]
diarreia (f)	διάρροια (θηλ.)	[ðiária]
prisão (f) de ventre	δυσκοιλιότητα (θηλ.)	[ðiskiliótita]
desarranjo (m) intestinal	στομαχική διαταραχή (θηλ.)	[stomaxikí ðiataraxí]
intoxicação (f) alimentar	τροφική δηλητηρίαση (θηλ.)	[trofikí ðilitiríasi]
intoxicar-se	δηλητηριάζομαι	[ðilitiriázome]
artrite (f)	αρθρίτιδα (θηλ.)	[arθrítiða]
raquitismo (m)	ραχίτιδα (θηλ.)	[raxítiða]
reumatismo (m)	ρευματισμοί (αρ.πλ.)	[revmatizmí]
arteriosclerose (f)	αθηροσκλήρωση (θηλ.)	[aθirosklírosi]
gastrite (f)	γαστρίτιδα (θηλ.)	[ɣastrítiða]
apendicite (f)	σκωληκοειδίτιδα (θηλ.)	[skolikoiðítiða]

| colecistite (f) | χολοκυστίτιδα (θηλ.) | [xolʲokistítiða] |
| úlcera (f) | έλκος (ουδ.) | [élʲkos] |

sarampo (m)	ιλαρά (θηλ.)	[ilʲará]
rubéola (f)	ερυθρά (θηλ.)	[eriθrá]
iterícia (f)	ίκτερος (αρ.)	[íkteros]
hepatite (f)	ηπατίτιδα (θηλ.)	[ipatítiða]

esquizofrenia (f)	σχιζοφρένεια (θηλ.)	[sxizofrénia]
raiva (f)	λύσσα (θηλ.)	[lísa]
neurose (f)	νεύρωση (θηλ.)	[névrosi]
comoção (f) cerebral	διάσειση (θηλ.)	[ðiásisi]

cancro (m)	καρκίνος (αρ.)	[karkínos]
esclerose (f)	σκλήρυνση (θηλ.)	[sklírinsi]
esclerose (f) múltipla	σκλήρυνση κατά πλάκας (θηλ.)	[sklírinsi kataplʲákas]

alcoolismo (m)	αλκοολισμός (αρ.)	[alʲkoolizmós]
alcoólico (m)	αλκοολικός (αρ.)	[alʲkoolikós]
sífilis (f)	σύφιλη (θηλ.)	[sífili]
SIDA (f)	AIDS (ουδ.)	[ejds]

tumor (m)	όγκος (αρ.)	[óngos]
maligno	κακοήθης	[kakoíθis]
benigno	καλοήθης	[kalʲoíθis]

febre (f)	πυρετός (αρ.)	[piretós]
malária (f)	ελονοσία (θηλ.)	[elʲonosía]
gangrena (f)	γάγγραινα (θηλ.)	[ɣángrena]
enjoo (m)	ναυτία (θηλ.)	[naftía]
epilepsia (f)	επιληψία (θηλ.)	[epilipsía]

epidemia (f)	επιδημία (θηλ.)	[epiðimía]
tifo (m)	τύφος (αρ.)	[tífos]
tuberculose (f)	φυματίωση (θηλ.)	[fimatíosi]
cólera (f)	χολέρα (θηλ.)	[xoléra]
peste (f)	πανούκλα (θηλ.)	[panúklʲa]

48. Sintomas. Tratamentos. Parte 1

sintoma (m)	σύμπτωμα (ουδ.)	[símptoma]
temperatura (f)	θερμοκρασία (θηλ.)	[θermokrasía]
febre (f)	υψηλή θερμοκρασία (θηλ.)	[ipsilí θermokrasía]
pulso (m)	παλμός (αρ.)	[palʲmós]

vertigem (f)	ίλιγγος (αρ.)	[ílingos]
quente (testa, etc.)	ζεστός	[zestós]
calafrio (m)	ρίγος (ουδ.)	[ríɣos]
pálido	χλομός	[xlʲomós]

tosse (f)	βήχας (αρ.)	[víxas]
tossir (vi)	βήχω	[víxo]
espirrar (vi)	φτερνίζομαι	[fternízome]

desmaio (m)	λιποθυμία (θηλ.)	[lipoθimía]
desmaiar (vi)	λιποθυμώ	[lipoθimó]

nódoa (f) negra	μελανιά (θηλ.)	[melʲaniá]
galo (m)	καρούμπαλο (ουδ.)	[karúmbalʲo]
magoar-se (vr)	χτυπάω	[xtipáo]
pisadura (f)	μώλωπας (αρ.)	[mólʲopas]
aleijar-se (vr)	χτυπάω	[xtipáo]

coxear (vi)	κουτσαίνω	[kutséno]
deslocação (f)	εξάρθρημα (ουδ.)	[eksárθrima]
deslocar (vt)	εξαρθρώνω	[eksaθróno]
fratura (f)	κάταγμα (ουδ.)	[kátaɣma]
fraturar (vt)	παθαίνω κάταγμα	[paθéno kátaɣma]

corte (m)	κόψιμο, σχίσιμο (ουδ.)	[kópsimo], [sxísimo]
cortar-se (vr)	κόβομαι	[kóvome]
hemorragia (f)	αιμορραγία (θηλ.)	[emorajía]

queimadura (f)	έγκαυμα (ουδ.)	[éngavma]
queimar-se (vr)	καίγομαι	[kéɣome]

picar (vt)	τρυπώ	[tripó]
picar-se (vr)	τρυπώ	[tripó]
lesionar (vt)	τραυματίζω	[travmatízo]
lesão (m)	τραυματισμός (αρ.)	[travmatizmós]
ferida (f), ferimento (m)	πληγή (θηλ.)	[plijí]
trauma (m)	τραύμα (ουδ.)	[trávma]

delirar (vi)	παραμιλώ	[paramilʲó]
gaguejar (vi)	τραυλίζω	[travlízo]
insolação (f)	ηλίαση (θηλ.)	[ilíasi]

49. Sintomas. Tratamentos. Parte 2

dor (f)	πόνος (αρ.)	[pónos]
farpa (no dedo)	ακίδα (θηλ.)	[akíða]

suor (m)	ιδρώτας (αρ.)	[iðrótas]
suar (vi)	ιδρώνω	[iðróno]
vómito (m)	εμετός (αρ.)	[emetós]
convulsões (f pl)	σπασμοί (αρ.πλ.)	[spazmí]

grávida	έγκυος	[éngios]
nascer (vi)	γεννιέμαι	[jeniéme]
parto (m)	γέννα (θηλ.)	[jéna]
dar à luz	γεννάω	[jenáo]
aborto (m)	έκτρωση (θηλ.)	[éktrosi]

respiração (f)	αναπνοή (θηλ.)	[anapnoí]
inspiração (f)	εισπνοή (θηλ.)	[ispnoí]
expiração (f)	εκπνοή (θηλ.)	[ekpnoí]
expirar (vi)	εκπνέω	[ekpnéo]
inspirar (vi)	εισπνέω	[ispnéo]

inválido (m)	ανάπηρος (αρ.)	[anápiros]
aleijado (m)	σακάτης (αρ.)	[sakátis]
toxicodependente (m)	ναρκομανής (αρ.)	[narkomanís]

surdo	κουφός, κωφός	[kufós], [kofós]
mudo	μουγγός	[mungós]
surdo-mudo	κωφάλαλος	[kofálʲalʲos]

louco (adj.)	τρελός	[trelʲós]
louco (m)	τρελός (αρ.)	[trelʲós]
louca (f)	τρελή (θηλ.)	[trelí]
ficar louco	τρελαίνομαι	[trelénome]

gene (m)	γονίδιο (ουδ.)	[γonídio]
imunidade (f)	ανοσία (θηλ.)	[anosía]
hereditário	κληρονομικός	[klironomikós]
congénito	συγγενής	[singenís]

vírus (m)	ιός (αρ.)	[jos]
micróbio (m)	μικρόβιο (ουδ.)	[mikróvio]
bactéria (f)	βακτήριο (ουδ.)	[vaktírio]
infeção (f)	μόλυνση (θηλ.)	[mólinsi]

50. Sintomas. Tratamentos. Parte 3

| hospital (m) | νοσοκομείο (ουδ.) | [nosokomío] |
| paciente (m) | ασθενής (αρ.) | [asθenís] |

diagnóstico (m)	διάγνωση (θηλ.)	[ðiáγnosi]
cura (f)	θεραπεία (θηλ.)	[θerapía]
tratamento (m) médico	ιατρική περίθαλψη (θηλ.)	[jatrikí períθalʲpsi]
curar-se (vr)	θεραπεύομαι	[θerapévume]
tratar (vt)	περιποιούμαι	[peripiúme]
cuidar (pessoa)	φροντίζω	[frondízo]
cuidados (m pl)	φροντίδα (θηλ.)	[frondíða]

operação (f)	εγχείρηση (θηλ.)	[enxírisi]
enfaixar (vt)	επιδένω	[epiðéno]
enfaixamento (m)	επίδεση (θηλ.)	[epíðesi]

vacinação (f)	εμβόλιο (ουδ.)	[emvólio]
vacinar (vt)	εμβολιάζω	[emvoliázo]
injeção (f)	ένεση (θηλ.)	[énesi]
dar uma injeção	κάνω ένεση	[káno énesi]

amputação (f)	ακρωτηριασμός (αρ.)	[akrotiriazmós]
amputar (vt)	ακρωτηριάζω	[akrotiriázo]
coma (f)	κώμα (ουδ.)	[kóma]
estar em coma	βρίσκομαι σε κώμα	[vrískome se kóma]
reanimação (f)	εντατική (θηλ.)	[endatikí]

recuperar-se (vr)	αναρρώνω	[anaróno]
estado (~ de saúde)	κατάσταση (θηλ.)	[katástasi]
consciência (f)	αισθήσεις (θηλ.πλ.)	[esθísis]

memória (f)	μνήμη (θηλ.)	[mními]
tirar (vt)	βγάζω	[vγázo]
chumbo (m), obturação (f)	σφράγισμα (ουδ.)	[sfrájizma]
chumbar, obturar (vt)	σφραγίζω	[sfrajízo]
hipnose (f)	ύπνωση (θηλ.)	[ípnosi]
hipnotizar (vt)	υπνωτίζω	[ipnotízo]

51. Médicos

médico (m)	γιατρός (αρ.)	[jatrós]
enfermeira (f)	νοσοκόμα (θηλ.)	[nosokóma]
médico (m) pessoal	προσωπικός γιατρός (αρ.)	[prosopikós jatrós]
dentista (m)	οδοντίατρος (αρ.)	[oðondíatros]
oculista (m)	οφθαλμίατρος (αρ.)	[ofθalʲmíatros]
terapeuta (m)	παθολόγος (αρ.)	[paθolʲóγos]
cirurgião (m)	χειρουργός (αρ.)	[xiruɾɣós]
psiquiatra (m)	ψυχίατρος (αρ.)	[psixíatros]
pediatra (m)	παιδίατρος (αρ.)	[peðíatros]
psicólogo (m)	ψυχολόγος (αρ.)	[psixolʲóγos]
ginecologista (m)	γυναικολόγος (αρ.)	[jinekolʲóγos]
cardiologista (m)	καρδιολόγος (αρ.)	[karðiolʲóγos]

52. Medicina. Drogas. Acessórios

medicamento (m)	φάρμακο (ουδ.)	[fármako]
remédio (m)	θεραπεία (θηλ.)	[θerapía]
receitar (vt)	γράφω	[γráfo]
receita (f)	συνταγή (θηλ.)	[sindají]
comprimido (m)	χάπι (ουδ.)	[xápi]
pomada (f)	αλοιφή (θηλ.)	[alifí]
ampola (f)	αμπούλα (θηλ.)	[ambúlʲa]
preparado (m)	διάλυμα (ουδ.)	[ðiálima]
xarope (m)	σιρόπι (ουδ.)	[sirópi]
cápsula (f)	κάψουλα (θηλ.)	[kápsulʲa]
remédio (m) em pó	σκόνη (θηλ.)	[skóni]
ligadura (f)	επίδεσμος (αρ.)	[epíðezmos]
algodão (m)	χειρουργικό βαμβάκι (ουδ.)	[xiruɾjikó vamváki]
iodo (m)	ιώδιο (ουδ.)	[ióðio]
penso (m) rápido	τσιρότο (ουδ.)	[tsiróto]
conta-gotas (m)	σταγονόμετρο (ουδ.)	[staγonómetro]
termómetro (m)	θερμόμετρο (ουδ.)	[θermómetro]
seringa (f)	σύριγγα (θηλ.)	[síringa]
cadeira (f) de rodas	αναπηρικό καροτσάκι (ουδ.)	[anapirikó karotsáki]
muletas (f pl)	πατερίτσες (θηλ.πλ.)	[paterítses]
analgésico (m)	αναλγητικό (ουδ.)	[analʲjitikó]

laxante (m)	καθαρτικό (ουδ.)	[kaθartikó]
álcool (m) etílico	οινόπνευμα (ουδ.)	[inópnevma]
ervas (f pl) medicinais	θεραπευτικά βότανα (ουδ.πλ.)	[θerapeftiká vótana]
de ervas (chá ~)	από βότανα	[apó vótana]

HABITAT HUMANO

Cidade

53. Cidade. Vida na cidade

cidade (f)	πόλη (θηλ.)	[póli]
capital (f)	πρωτεύουσα (θηλ.)	[protévusa]
aldeia (f)	χωριό (ουδ.)	[xorió]

mapa (m) da cidade	χάρτης πόλης (αρ.)	[xártis pólis]
centro (m) da cidade	κέντρο της πόλης (ουδ.)	[kéndro tis pólis]
subúrbio (m)	προάστιο (ουδ.)	[proástio]
suburbano	προαστιακός	[proastiakós]

periferia (f)	προάστια (ουδ.πλ.)	[proástia]
arredores (m pl)	περίχωρα (πλ.)	[períxora]
quarteirão (m)	συνοικία (θηλ.)	[sinikía]
quarteirão (m) residencial	οικιστικό τετράγωνο (ουδ.)	[ikistikó tetráγono]

tráfego (m)	κίνηση (θηλ.)	[kínisi]
semáforo (m)	φανάρι (ουδ.)	[fanári]
transporte (m) público	δημόσιες συγκοινωνίες (θηλ.πλ.)	[ðimósies singinoníes]
cruzamento (m)	διασταύρωση (θηλ.)	[ðiastávrosi]

passadeira (f)	διάβαση πεζών (θηλ.)	[ðiávasi pezón]
passagem (f) subterrânea	υπόγεια διάβαση (θηλ.)	[ipójia ðiávasi]
cruzar, atravessar (vt)	περνάω, διασχίζω	[pernáo], [ðiasxízo]
peão (m)	πεζός (αρ.)	[pezós]
passeio (m)	πεζοδρόμιο (ουδ.)	[pezoðrómio]

ponte (f)	γέφυρα (θηλ.)	[jéfira]
margem (f) do rio	προκυμαία (θηλ.)	[prokiméa]
fonte (f)	κρήνη (θηλ.)	[kríni]

alameda (f)	αλέα (θηλ.)	[aléa]
parque (m)	πάρκο (ουδ.)	[párko]
bulevar (m)	λεωφόρος (θηλ.)	[leofóros]
praça (f)	πλατεία (θηλ.)	[plʲatía]
avenida (f)	λεωφόρος (θηλ.)	[leofóros]
rua (f)	δρόμος (αρ.)	[ðrómos]
travessa (f)	παράδρομος (αρ.)	[paráðromos]
beco (m) sem saída	αδιέξοδο (ουδ.)	[aðiéksoðo]

casa (f)	σπίτι (ουδ.)	[spíti]
edifício, prédio (m)	κτίριο (ουδ.)	[ktírio]
arranha-céus (m)	ουρανοξύστης (αρ.)	[uranoksístis]
fachada (f)	πρόσοψη (θηλ.)	[prósopsi]

telhado (m)	στέγη (θηλ.)	[stéji]
janela (f)	παράθυρο (ουδ.)	[paráθiro]
arco (m)	αψίδα (θηλ.)	[apsíða]
coluna (f)	κολόνα (θηλ.)	[kolʲóna]
esquina (f)	γωνία (θηλ.)	[ɣonía]

montra (f)	βιτρίνα (θηλ.)	[vitrína]
letreiro (m)	ταμπέλα (θηλ.)	[tabélʲa]
cartaz (m)	αφίσα (θηλ.)	[afísa]
cartaz (m) publicitário	διαφημιστική αφίσα (θηλ.)	[ðiafimistikí afísa]
painel (m) publicitário	διαφημιστική πινακίδα (θηλ.)	[ðiafimistikí pinakíða]

lixo (m)	σκουπίδια (ουδ.πλ.)	[skupíðia]
cesta (f) do lixo	σκουπιδοτενεκές (αρ.)	[skupiðotenekés]
jogar lixo na rua	λερώνω με σκουπίδια	[leróno me skupíðia]
aterro (m) sanitário	χωματερή (θηλ.)	[xomaterí]

cabine (f) telefónica	τηλεφωνικός θάλαμος (αρ.)	[tilefonikós θálʲamos]
candeeiro (m) de rua	φανοστάτης (αρ.)	[fanostátis]
banco (m)	παγκάκι (ουδ.)	[pangáki]

polícia (m)	αστυνομικός (αρ.)	[astinomikós]
polícia (instituição)	αστυνομία (θηλ.)	[astinomía]
mendigo (m)	ζητιάνος (αρ.)	[zitiános]
sem-abrigo (m)	άστεγος (αρ.)	[ásteɣos]

54. Instituições urbanas

loja (f)	κατάστημα (ουδ.)	[katástima]
farmácia (f)	φαρμακείο (ουδ.)	[farmakío]
ótica (f)	κατάστημα οπτικών (ουδ.)	[katástima optikón]
centro (m) comercial	εμπορικό κέντρο (ουδ.)	[emborikó kéndro]
supermercado (m)	σουπερμάρκετ (ουδ.)	[supermárket]

padaria (f)	αρτοπωλείο (ουδ.)	[artopolío]
padeiro (m)	φούρναρης (αρ.)	[fúrnaris]
pastelaria (f)	ζαχαροπλαστείο (ουδ.)	[zaxaropʲastío]
mercearia (f)	μπακάλικο (ουδ.)	[bakáliko]
talho (m)	κρεοπωλείο (ουδ.)	[kreopolío]

| loja (f) de legumes | μανάβικο (ουδ.) | [manáviko] |
| mercado (m) | αγορά, λαϊκή (θηλ.) | [aɣorá], [lʲajkí] |

café (m)	καφετέρια (θηλ.)	[kafetéria]
restaurante (m)	εστιατόριο (ουδ.)	[estiatório]
bar (m), cervejaria (f)	μπαρ (ουδ.), μπυραρία (θηλ.)	[bar], [biraría]
pizzaria (f)	πιτσαρία (θηλ.)	[pitsaría]

salão (m) de cabeleireiro	κομμωτήριο (ουδ.)	[komotírio]
correios (m pl)	ταχυδρομείο (ουδ.)	[taxiðromío]
lavandaria (f)	στεγνοκαθαριστήριο (ουδ.)	[steɣnokaθaristírio]
estúdio (m) fotográfico	φωτογραφείο (ουδ.)	[fotoɣrafío]
sapataria (f)	κατάστημα παπουτσιών (ουδ.)	[katástima paputsión]

| livraria (f) | βιβλιοπωλείο (ουδ.) | [vivliopolío] |
| loja (f) de artigos de desporto | κατάστημα αθλητικών ειδών (ουδ.) | [katástima aθlitikón iðón] |

reparação (f) de roupa	κατάστημα επιδιορθώσεων ενδυμάτων (ουδ.)	[katástima epiðiorθóseon enðimáton]
aluguer (m) de roupa	ενοικίαση ενδυμάτων (θηλ.)	[eníkiasi enðimáton]
aluguer (m) de filmes	κατάστημα ενοικίασης βίντεο (ουδ.)	[katástima eníkiasis vídeo]

circo (m)	τσίρκο (ουδ.)	[tsírko]
jardim (m) zoológico	ζωολογικός κήπος (αρ.)	[zoolʲojikós kípos]
cinema (m)	κινηματογράφος (αρ.)	[kinimatoɣráfos]
museu (m)	μουσείο (ουδ.)	[musío]
biblioteca (f)	βιβλιοθήκη (θηλ.)	[vivlioθíki]

teatro (m)	θέατρο (ουδ.)	[θéatro]
ópera (f)	όπερα (θηλ.)	[ópera]
clube (m) noturno	νυχτερινό κέντρο (ουδ.)	[nixterinó kéndro]
casino (m)	καζίνο (ουδ.)	[kazíno]

mesquita (f)	τζαμί (ουδ.)	[dzamí]
sinagoga (f)	συναγωγή (θηλ.)	[sinaɣojí]
catedral (f)	καθεδρικός (αρ.)	[kaθeðrikós]
templo (m)	ναός (αρ.)	[naós]
igreja (f)	εκκλησία (θηλ.)	[eklisía]

instituto (m)	πανεπιστήμιο (ουδ.)	[panepistímio]
universidade (f)	πανεπιστήμιο (ουδ.)	[panepistímio]
escola (f)	σχολείο (ουδ.)	[sxolío]

prefeitura (f)	νομός (αρ.)	[nómos]
câmara (f) municipal	δημαρχείο (ουδ.)	[ðimarxío]
hotel (m)	ξενοδοχείο (ουδ.)	[ksenoðoxío]
banco (m)	τράπεζα (θηλ.)	[trápeza]

embaixada (f)	πρεσβεία (θηλ.)	[prezvía]
agência (f) de viagens	ταξιδιωτικό γραφείο (ουδ.)	[taksiðiotikó ɣrafío]
agência (f) de informações	γραφείο πληροφοριών (ουδ.)	[ɣrafío pliroforión]
casa (f) de câmbio	ανταλλακτήριο συναλλάγματος (ουδ.)	[andalʲaktírio sinalʲáɣmatos]

| metro (m) | μετρό (ουδ.) | [metró] |
| hospital (m) | νοσοκομείο (ουδ.) | [nosokomío] |

| posto (m) de gasolina | βενζινάδικο (ουδ.) | [venzináðiko] |
| parque (m) de estacionamento | πάρκινγκ (ουδ.) | [párking] |

55. Sinais

letreiro (m)	ταμπέλα (θηλ.)	[tabélʲa]
inscrição (f)	επιγραφή (θηλ.)	[epiɣrafí]
cartaz, póster (m)	αφίσα, πόστερ (ουδ.)	[afísa], [póster]
sinal (m) informativo	πινακίδα (θηλ.)	[pinakíða]

seta (f)	βελάκι (ουδ.)	[vel'áki]
aviso (advertência)	προειδοποίηση (θηλ.)	[proiðopíisi]
sinal (m) de aviso	προειδοποίηση (θηλ.)	[proiðopíisi]
avisar, advertir (vt)	προειδοποιώ	[proiðopió]
dia (m) de folga	ρεπό (ουδ.)	[repó]
horário (m)	ωράριο (ουδ.)	[orário]
horário (m) de funcionamento	ώρες λειτουργίας (θηλ.πλ.)	[óres liturjías]
BEM-VINDOS!	ΚΑΛΩΣ ΗΡΘΑΤΕ!	[kal'os ípθate]
ENTRADA	ΕΙΣΟΔΟΣ	[ísoðos]
SAÍDA	ΕΞΟΔΟΣ	[éksoðos]
EMPURRE	ΩΘΗΣΑΤΕ	[oθísate]
PUXE	ΕΛΞΑΤΕ	[él'ksate]
ABERTO	ΑΝΟΙΚΤΟ	aníkto
FECHADO	ΚΛΕΙΣΤΟ	[klísto]
MULHER	ΓΥΝΑΙΚΩΝ	[jinekón]
HOMEM	ΑΝΔΡΕΣ	[ánðres]
DESCONTOS	ΕΚΠΤΩΣΕΙΣ	[ekptósis]
SALDOS	ΞΕΠΟΥΛΗΜΑ	[ksepúlima]
NOVIDADE!	ΝΕΟ!	[néo]
GRÁTIS	ΔΩΡΕΑΝ	[ðoreán]
ATENÇÃO!	ΠΡΟΣΟΧΗ!	[prosoxí]
NÃO HÁ VAGAS	ΔΕΝ ΥΠΑΡΧΟΥΝ ΚΕΝΑ ΔΩΜΑΤΙΑ	[ðen ipárxun kená ðomátia]
RESERVADO	ΡΕΖΕΡΒΕ	[rezervé]
ADMINISTRAÇÃO	ΔΙΕΥΘΥΝΤΗΣ	[ðiéfθindis]
SOMENTE PESSOAL AUTORIZADO	ΜΟΝΟ ΓΙΑ ΤΟ ΠΡΟΣΩΠΙΚΟ	[móno ja to prosopikó]
CUIDADO CÃO FEROZ	ΠΡΟΣΟΧΗ ΣΚΥΛΟΣ	[prosoxí skíl'os]
PROIBIDO FUMAR!	ΑΠΑΓΟΡΕΥΕΤΑΙ ΤΟ ΚΑΠΝΙΣΜΑ	[apaɣorévete to kápnizma]
NÃO TOCAR	ΜΗΝ ΑΓΓΙΖΕΤΕ!	[min angízete]
PERIGOSO	ΚΙΝΔΥΝΟΣ	[kínðinos]
PERIGO	ΚΙΝΔΥΝΟΣ	[kínðinos]
ALTA TENSÃO	ΥΨΗΛΗ ΤΑΣΗ	[ípseli tási]
PROIBIDO NADAR	ΑΠΑΓΟΡΕΥΕΤΑΙ ΤΟ ΚΟΛΥΜΠΙ	[apaɣorévete to kolíbi]
AVARIADO	ΕΚΤΟΣ ΛΕΙΤΟΥΡΓΙΑΣ	éktos liturjías
INFLAMÁVEL	ΕΥΦΛΕΚΤΟ	[éflekto]
PROIBIDO	ΑΠΑΓΟΡΕΥΕΤΑΙ	[apaɣorévete]
ENTRADA PROIBIDA	ΑΠΑΓΟΡΕΥΕΤΑΙ ΤΟ ΠΕΡΑΣΜΑ	[apaɣorévete to pérazma]
CUIDADO TINTA FRESCA	ΦΡΕΣΚΟΒΑΜΜΕΝΟ	[frésko vaméno]

56. Transportes urbanos

autocarro (m)	λεωφορείο (ουδ.)	[leoforío]
elétrico (m)	τραμ (ουδ.)	[tram]
troleicarro (m)	τρόλεϊ (ουδ.)	[trólej]
itinerário (m)	δρομολόγιο (ουδ.)	[ðromolójo]
número (m)	αριθμός (αρ.)	[ariθmós]

ir de ... (carro, etc.)	πηγαίνω με ...	[pijéno me]
entrar (~ no autocarro)	ανεβαίνω	[anevéno]
descer de ...	κατεβαίνω	[katevéno]

paragem (f)	στάση (θηλ.)	[stási]
próxima paragem (f)	επόμενη στάση (θηλ.)	[epómeni stási]
ponto (m) final	τερματικός σταθμός (αρ.)	[termatikós staθmós]
horário (m)	δρομολόγιο (ουδ.)	[ðromolójo]
esperar (vt)	περιμένω	[periméno]

bilhete (m)	εισιτήριο (ουδ.)	[isitírio]
custo (m) do bilhete	τιμή εισιτηρίου (θηλ.)	[timí isitiríu]

bilheteiro (m)	ταμίας (αρ./θηλ.)	[tamías]
controlo (m) dos bilhetes	έλεγχος εισιτηρίων (αρ.)	[élenxos isitiríon]
revisor (m)	ελεγκτής εισιτηρίων (αρ.)	[elengtís isitiríon]
atrasar-se (vr)	καθυστερώ	[kaθisteró]
perder (o autocarro, etc.)	καθυστερώ	[kaθisteró]
estar com pressa	βιάζομαι	[viázome]

táxi (m)	ταξί (ουδ.)	[taksí]
taxista (m)	ταξιτζής (αρ.)	[taksidzís]
de táxi (ir ~)	με ταξί	[me taksí]
praça (f) de táxis	πιάτσα ταξί (θηλ.)	[piátsa taksí]
chamar um táxi	καλώ ταξί	[kaló taksí]
apanhar um táxi	παίρνω ταξί	[pérno taksí]

tráfego (m)	κίνηση (θηλ.)	[kínisi]
engarrafamento (m)	μποτιλιάρισμα (ουδ.)	[botiliárizma]
horas (f pl) de ponta	ώρα αιχμής (θηλ.)	[óra exmís]
estacionar (vi)	παρκάρω	[parkáro]
estacionar (vt)	παρκάρω	[parkáro]
parque (m) de estacionamento	πάρκινγκ (ουδ.)	[párking]

metro (m)	μετρό (ουδ.)	[metró]
estação (f)	σταθμός (αρ.)	[staθmós]
ir de metro	παίρνω το μετρό	[pérno to metró]
comboio (m)	τραίνο, τρένο (ουδ.)	[tréno]
estação (f)	σιδηροδρομικός σταθμός (αρ.)	[siðiroðromikós staθmós]

57. Turismo

monumento (m)	μνημείο (ουδ.)	[mnimío]
fortaleza (f)	φρούριο (ουδ.)	[frúrio]

palácio (m)	παλάτι (ουδ.)	[pal'áti]
castelo (m)	κάστρο (ουδ.)	[kástro]
torre (f)	πύργος (αρ.)	[píryos]
mausoléu (m)	μαυσωλείο (ουδ.)	[mafsolío]

arquitetura (f)	αρχιτεκτονική (θηλ.)	[arxitektonikí]
medieval	μεσαιωνικός	[meseonikós]
antigo	αρχαίος	[arxéos]
nacional	εθνικός	[eθnikós]
conhecido	διάσημος	[ðiásimos]

turista (m)	τουρίστας (αρ.)	[turístas]
guia (pessoa)	ξεναγός (αρ.)	[ksenaγós]
excursão (f)	εκδρομή (θηλ.)	[ekðromí]
mostrar (vt)	δείχνω	[ðíxno]
contar (vt)	διηγούμαι	[ðiiγúme]

encontrar (vt)	βρίσκω	[vrísko]
perder-se (vr)	χάνομαι	[xánome]
mapa (~ do metrô)	χάρτης (αρ.)	[xártis]
mapa (~ da cidade)	χάρτης (αρ.)	[xártis]

lembrança (f), presente (m)	ενθύμιο (ουδ.)	[enθímio]
loja (f) de presentes	κατάστημα με είδη δώρων (ουδ.)	[katástima me ídi ðóron]
fotografar (vt)	φωτογραφίζω	[fotoγrafízo]
fotografar-se	βγαίνω φωτογραφία	[vjéno fotoγrafía]

58. Compras

comprar (vt)	αγοράζω	[aγorázo]
compra (f)	αγορά (θηλ.)	[aγorá]
fazer compras	ψωνίζω	[psonízo]
compras (f pl)	shopping (ουδ.)	[ʃópiŋ]

estar aberta (loja, etc.)	λειτουργώ	[lituryó]
estar fechada	κλείνω	[klíno]

calçado (m)	υποδήματα (ουδ.πλ.)	[ipoðímata]
roupa (f)	ενδύματα (ουδ.πλ.)	[enðímata]
cosméticos (m pl)	καλλυντικά (ουδ.πλ.)	[kalindiká]
alimentos (m pl)	τρόφιμα (ουδ.πλ.)	[trófima]
presente (m)	δώρο (ουδ.)	[ðóro]

vendedor (m)	πωλητής (αρ.)	[politís]
vendedora (f)	πωλήτρια (θηλ.)	[polítria]

caixa (f)	ταμείο (ουδ.)	[tamío]
espelho (m)	καθρέφτης (αρ.)	[kaθréftis]
balcão (m)	πάγκος (αρ.)	[pángos]
cabine (f) de provas	δοκιμαστήριο (ουδ.)	[ðokimastírio]

provar (vt)	δοκιμάζω	[ðokimázo]
servir (vi)	ταιριάζω	[teriázo]

Português	Grego	Pronúncia
gostar (apreciar)	μου αρέσει	[mu arési]
preço (m)	τιμή (θηλ.)	[timí]
etiqueta (f) de preço	καρτέλα τιμής (θηλ.)	[kartélʲa timís]
custar (vt)	κοστίζω	[kostízo]
Quanto?	Πόσο κάνει;	póso káni?
desconto (m)	έκπτωση (θηλ.)	[ékptosi]
não caro	φτηνός	[ftinós]
barato	φτηνός	[ftinós]
caro	ακριβός	[akrivós]
É caro	Είναι ακριβός	[íne akrivós]
aluguer (m)	ενοικίαση (θηλ.)	[enikíasi]
alugar (vestidos, etc.)	νοικιάζω	[nikiázo]
crédito (m)	πίστωση (θηλ.)	[pístosi]
a crédito	με πίστωση	[me pístosi]

59. Dinheiro

Português	Grego	Pronúncia
dinheiro (m)	χρήματα (ουδ.πλ.)	[xrímata]
câmbio (m)	ανταλλαγή (θηλ.)	[andalʲají]
taxa (f) de câmbio	ισοτιμία (θηλ.)	[isotimía]
Caixa Multibanco (m)	ATM (ουδ.)	[eitiém]
moeda (f)	κέρμα (ουδ.)	[kérma]
dólar (m)	δολάριο (ουδ.)	[ðolʲário]
euro (m)	ευρώ (ουδ.)	[evró]
lira (f)	λίρα (θηλ.)	[líra]
marco (m)	μάρκο (ουδ.)	[márko]
franco (m)	φράγκο (ουδ.)	[frángo]
libra (f) esterlina	στερλίνα (θηλ.)	[sterlína]
iene (m)	γιεν (ουδ.)	[jén]
dívida (f)	χρέος (ουδ.)	[xréos]
devedor (m)	χρεώστης (αρ.)	[xreóstis]
emprestar (vt)	δανείζω	[ðanízo]
pedir emprestado	δανείζομαι	[ðanízome]
banco (m)	τράπεζα (θηλ.)	[trápeza]
conta (f)	λογαριασμός (αρ.)	[lʲoɣariazmós]
depositar na conta	καταθέτω στο λογαριασμό	[kataθéto sto lʲoɣariazmó]
levantar (vt)	κάνω ανάληψη	[káno análipsi]
cartão (m) de crédito	πιστωτική κάρτα (θηλ.)	[pistotikí kárta]
dinheiro (m) vivo	μετρητά (ουδ.πλ.)	[metritá]
cheque (m)	επιταγή (θηλ.)	[epitají]
passar um cheque	κόβω επιταγή	[kóvo epitají]
livro (m) de cheques	βιβλιάριο επιταγών (ουδ.)	[vivliário epitaɣón]
carteira (f)	πορτοφόλι (ουδ.)	[portofóli]
porta-moedas (m)	πορτοφόλι (ουδ.)	[portofóli]
cofre (m)	χρηματοκιβώτιο (ουδ.)	[xrimatokivótio]
herdeiro (m)	κληρονόμος (αρ.)	[klironómos]

herança (f)	κληρονομιά (θηλ.)	[klironomiá]
fortuna (riqueza)	περιουσία (θηλ.)	[periusía]

arrendamento (m)	σύμβαση μίσθωσης (θηλ.)	[símvasi místhosis]
renda (f) de casa	ενοίκιο (ουδ.)	[eníkio]
alugar (vt)	νοικιάζω	[nikiázo]

preço (m)	τιμή (θηλ.)	[timí]
custo (m)	κόστος (ουδ.)	[kóstos]
soma (f)	ποσό (ουδ.)	[posó]

gastar (vt)	ξοδεύω	[ksoðévo]
gastos (m pl)	έξοδα (ουδ.πλ.)	[éksoða]
economizar (vi)	κάνω οικονομία	[káno ikonomía]
económico	οικονομικός	[ikonomikós]

pagar (vt)	πληρώνω	[pliróno]
pagamento (m)	αμοιβή (θηλ.)	[amiví]
troco (m)	ρέστα (ουδ.πλ.)	[résta]

imposto (m)	φόρος (αρ.)	[fóros]
multa (f)	πρόστιμο (ουδ.)	[próstimo]
multar (vt)	επιβάλλω πρόστιμο	[epiválʲo próstimo]

60. Correios. Serviço postal

correios (m pl)	ταχυδρομείο (ουδ.)	[taxiðromío]
correio (m)	ταχυδρομείο (ουδ.)	[taxiðromío]
carteiro (m)	ταχυδρόμος (αρ.)	[taxiðrómos]
horário (m)	ώρες λειτουργίας (θηλ.πλ.)	[óres liturjías]

carta (f)	γράμμα (ουδ.)	[γráma]
carta (f) registada	συστημένο γράμμα (ουδ.)	[sistiméno γráma]
postal (m)	κάρτα (θηλ.)	[kárta]
telegrama (m)	τηλεγράφημα (ουδ.)	[tileγráfima]
encomenda (f) postal	δέμα (ουδ.)	[ðéma]
remessa (f) de dinheiro	έμβασμα (ουδ.)	[émvazma]

receber (vt)	λαμβάνω	[lʲamváno]
enviar (vt)	στέλνω	[stélʲno]
envio (m)	αποστολή (θηλ.)	[apostolí]

endereço (m)	διεύθυνση (θηλ.)	[ðiéfθinsi]
código (m) postal	ταχυδρομικός κώδικας (αρ.)	[taxiðromikós kóðikas]
remetente (m)	αποστολέας (αρ.)	[apostoléas]
destinatário (m)	παραλήπτης (αρ.)	[paralíptis]

nome (m)	όνομα (ουδ.)	[ónoma]
apelido (m)	επώνυμο (ουδ.)	[epónimo]

tarifa (f)	ταχυδρομικό τέλος (ουδ.)	[taxiðromikó télʲos]
ordinário	κανονικός	[kanonikós]
económico	οικονομικός	[ikonomikós]
peso (m)	βάρος (ουδ.)	[város]

pesar (estabelecer o peso)	ζυγίζω	[zijízo]
envelope (m)	φάκελος (αρ.)	[fákelos]
selo (m)	γραμματόσημο (ουδ.)	[γramatósimo]
colar o selo	βάζω γραμματόσημο	[vázo γramatósimo]

Moradia. Casa. Lar

61. Casa. Eletricidade

eletricidade (f)	ηλεκτρισμός (αρ.)	[ilektrizmós]
lâmpada (f)	λάμπα (θηλ.)	[l'ámba]
interruptor (m)	διακόπτης (αρ.)	[ðiakóptis]
fusível (m)	ασφάλεια (θηλ.),	[asfália],
	φυσίγγιο (ουδ.)	[fisíngio]
fio, cabo (m)	καλώδιο (ουδ.)	[kal'óðio]
instalação (f) elétrica	καλωδίωση (θηλ.)	[kal'oðíosi]
contador (m) de eletricidade	μετρητής ηλεκτρικής κατανάλωσης (αρ.)	[metritís ilektrikís katanál'osis]
indicação (f), registo (m)	ενδείξεις (θηλ.πλ.)	[enðíksis]

62. Moradia. Mansão

casa (f) de campo	εξωχικό (ουδ.)	[eksoxikó]
vila (f)	βίλα (θηλ.)	[víl'a]
ala (~ do edifício)	πτέρυγα (θηλ.)	[ptériγa]
jardim (m)	κήπος (αρ.)	[kípos]
parque (m)	πάρκο (ουδ.)	[párko]
estufa (f)	θερμοκήπιο (ουδ.)	[θermokípio]
cuidar de ...	φροντίζω	[frondízo]
piscina (f)	πισίνα (θηλ.)	[pisína]
ginásio (m)	γυμναστήριο (ουδ.)	[jimnastírio]
campo (m) de ténis	γήπεδο τένις (ουδ.)	[jípeðo ténis]
cinema (m)	οικιακός κινηματογράφος (αρ.)	[ikiakós kinimatoγráfos]
garagem (f)	γκαράζ (ουδ.)	[garáz]
propriedade (f) privada	ιδωτική ιδιοκτησία (θηλ.)	[iðotikí iðioktisía]
terreno (m) privado	ιδιωτική έκταση (θηλ.)	[iðiotikí éktasi]
advertência (f)	προειδοποίηση (θηλ.)	[proiðopíisi]
sinal (m) de aviso	προειδοποιητικό σήμα (ουδ.)	[proiðopoiitikó síma]
guarda (f)	ασφάλεια (θηλ.)	[asfália]
guarda (m)	φρουρός (αρ.)	[fíl'akas]
alarme (m)	συναγερμός (αρ.)	[sinajermós]

63. Apartamento

apartamento (m)	διαμέρισμα (ουδ.)	[ðiamérizma]
quarto (m)	δωμάτιο (ουδ.)	[ðomátio]
quarto (m) de dormir	υπνοδωμάτιο (ουδ.)	[ipnoðomátio]
sala (f) de jantar	τραπεζαρία (θηλ.)	[trapezaría]
sala (f) de estar	σαλόνι (ουδ.)	[salʲóni]
escritório (m)	γραφείο (ουδ.)	[γrafío]

antessala (f)	χωλ (ουδ.)	[xolʲ]
quarto (m) de banho	μπάνιο (ουδ.)	[bánio]
toilette (lavabo)	τουαλέτα (θηλ.)	[tualéta]

teto (m)	ταβάνι (ουδ.)	[taváni]
chão, soalho (m)	πάτωμα (ουδ.)	[pátoma]
canto (m)	γωνία (θηλ.)	[γonía]

64. Mobiliário. Interior

mobiliário (m)	έπιπλα (ουδ.πλ.)	[épiplʲa]
mesa (f)	τραπέζι (ουδ.)	[trapézi]
cadeira (f)	καρέκλα (θηλ.)	[karéklʲa]
cama (f)	κρεβάτι (ουδ.)	[kreváti]
divã (m)	καναπές (αρ.)	[kanapés]
cadeirão (m)	πολυθρόνα (θηλ.)	[poliθróna]

| estante (f) | βιβλιοθήκη (θηλ.) | [vivlioθíki] |
| prateleira (f) | ράφι (ουδ.) | [ráfi] |

guarda-vestidos (m)	ντουλάπα (θηλ.)	[dulʲápa]
cabide (m) de parede	κρεμάστρα (θηλ.)	[kremástra]
cabide (m) de pé	καλόγερος (αρ.)	[kalʲójeros]

| cómoda (f) | συρταριέρα (θηλ.) | [sirtariéra] |
| mesinha (f) de centro | τραπεζάκι (ουδ.) | [trapezáki] |

espelho (m)	καθρέφτης (αρ.)	[kaθréftis]
tapete (m)	χαλί (ουδ.)	[xalí]
tapete (m) pequeno	χαλάκι (ουδ.)	[xalʲáki]

lareira (f)	τζάκι (ουδ.)	[dzáki]
vela (f)	κερί (ουδ.)	[kerí]
castiçal (m)	κηροπήγιο (ουδ.)	[kirop(j)o]

cortinas (f pl)	κουρτίνες (θηλ.πλ.)	[kurtínes]
papel (m) de parede	ταπετσαρία (θηλ.)	[tapetsaría]
estores (f pl)	στόρια (ουδ.πλ.)	[stória]

candeeiro (m) de mesa	επιτραπέζιο φωτιστικό (ουδ.)	[epitrapézio fotistikó]
candeeiro (m) de parede	φωτιστικό τοίχου (ουδ.)	[fotistikó tíxu]
candeeiro (m) de pé	φωτιστικό δαπέδου (ουδ.)	[fotistikó ðapéðu]
lustre (m)	πολυέλαιος (αρ.)	[poliéleos]
pé (de mesa, etc.)	πόδι (ουδ.)	[póði]

braço (m)	μπράτσο (ουδ.)	[brátso]
costas (f pl)	πλάτη (θηλ.)	[pl'áti]
gaveta (f)	συρτάρι (ουδ.)	[sirtári]

65. Quarto de dormir

roupa (f) de cama	σεντόνια (ουδ.πλ.)	[sendónia]
almofada (f)	μαξιλάρι (ουδ.)	[maksil'ári]
fronha (f)	μαξιλαροθήκη (θηλ.)	[maksil'aroθíki]
cobertor (m)	πάπλωμα (ουδ.)	[pápl'oma]
lençol (m)	σεντόνι (ουδ.)	[sendóni]
colcha (f)	κουβερλί (ουδ.)	[kuverlí]

66. Cozinha

cozinha (f)	κουζίνα (θηλ.)	[kuzína]
gás (m)	γκάζι (ουδ.)	[gázi]
fogão (m) a gás	κουζίνα με γκάζι (θηλ.)	[kuzína me gázi]
fogão (m) elétrico	ηλεκτρική κουζίνα (θηλ.)	[ilektrikí kuzína]
forno (m)	φούρνος (αρ.)	[fúrnos]
forno (m) de micro-ondas	φούρνος μικροκυμάτων (αρ.)	[fúrnos mikrokimáton]
frigorífico (m)	ψυγείο (ουδ.)	[psijío]
congelador (m)	καταψύκτης (αρ.)	[katapsíktis]
máquina (f) de lavar louça	πλυντήριο πιάτων (ουδ.)	[plindírio piáton]
moedor (m) de carne	κρεατομηχανή (θηλ.)	[kreatomixaní]
espremedor (m)	αποχυμωτής (αρ.)	[apoximotís]
torradeira (f)	φρυγανιέρα (θηλ.)	[friɣaniéra]
batedeira (f)	μίξερ (ουδ.)	[míkser]
máquina (f) de café	καφετιέρα (θηλ.)	[kafetiéra]
cafeteira (f)	καφετιέρα (θηλ.)	[kafetiéra]
moinho (m) de café	μύλος του καφέ (αρ.)	[míl'os tu kafé]
chaleira (f)	βραστήρας (αρ.)	[vrastíras]
bule (m)	τσαγιέρα (θηλ.)	[tsajéra]
tampa (f)	καπάκι (ουδ.)	[kapáki]
coador (m) de chá	σουρωτήρι τσαγιού (ουδ.)	[surotíri tsajú]
colher (f)	κουτάλι (ουδ.)	[kutáli]
colher (f) de chá	κουταλάκι του γλυκού (ουδ.)	[kutal'áki tu ɣlikú]
colher (f) de sopa	κουτάλι της σούπας (ουδ.)	[kutáli tis súpas]
garfo (m)	πιρούνι (ουδ.)	[pirúni]
faca (f)	μαχαίρι (ουδ.)	[maxéri]
louça (f)	επιτραπέζια σκεύη (ουδ.πλ.)	[epitrapézia skévi]
prato (m)	πιάτο (ουδ.)	[piáto]
pires (m)	πιατάκι (ουδ.)	[piatáki]
cálice (m)	σφηνοπότηρο (ουδ.)	[sfinopótiro]
copo (m)	ποτήρι (ουδ.)	[potíri]

chávena (f)	φλιτζάνι (ουδ.)	[flidzáni]
açucareiro (m)	ζαχαριέρα (θηλ.)	[zaxariéra]
saleiro (m)	αλατιέρα (θηλ.)	[alʲatiéra]
pimenteiro (m)	πιπεριέρα (θηλ.)	[piperiéra]
manteigueira (f)	βουτυριέρα (θηλ.)	[vutiriéra]

panela, caçarola (f)	κατσαρόλα (θηλ.)	[katsarólʲa]
frigideira (f)	τηγάνι (ουδ.)	[tiɣáni]
concha (f)	κουτάλα (θηλ.)	[kutálʲa]
passador (m)	σουρωτήρι (ουδ.)	[surotíri]
bandeja (f)	δίσκος (αρ.)	[ðískos]

garrafa (f)	μπουκάλι (ουδ.)	[bukáli]
boião (m) de vidro	βάζο (ουδ.)	[vázo]
lata (f)	κουτί (ουδ.)	[kutí]

abre-garrafas (m)	ανοιχτήρι (ουδ.)	[anixtíri]
abre-latas (m)	ανοιχτήρι (ουδ.)	[anixtíri]
saca-rolhas (m)	τιρμπουσόν (ουδ.)	[tirbusón]
filtro (m)	φίλτρο (ουδ.)	[fílʲtro]
filtrar (vt)	φιλτράρω	[filʲtráro]

| lixo (m) | σκουπίδια (ουδ.πλ.) | [skupíðia] |
| balde (m) do lixo | κάδος σκουπιδιών (αρ.) | [káðos skupiðión] |

67. Casa de banho

quarto (m) de banho	μπάνιο (ουδ.)	[bánio]
água (f)	νερό (ουδ.)	[neró]
torneira (f)	βρύση (ουδ.)	[vrísi]
água (f) quente	ζεστό νερό (ουδ.)	[zestó neró]
água (f) fria	κρύο νερό (ουδ.)	[krío neró]

| pasta (f) de dentes | οδοντόκρεμα (θηλ.) | [oðondókrema] |
| escovar os dentes | πλένω τα δόντια | [pléno ta ðóndia] |

barbear-se (vr)	ξυρίζομαι	[ksirízome]
espuma (f) de barbear	αφρός ξυρίσματος (αρ.)	[afrós ksirízmatos]
máquina (f) de barbear	ξυράφι (ουδ.)	[ksiráfi]

lavar (vt)	πλένω	[pléno]
lavar-se (vr)	πλένομαι	[plénome]
duche (m)	ντουζ (ουδ.)	[duz]
tomar um duche	κάνω ντουζ	[káno duz]

banheira (f)	μπανιέρα (θηλ.)	[baniéra]
sanita (f)	λεκάνη (θηλ.)	[lekáni]
lavatório (m)	νιπτήρας (αρ.)	[niptíras]

| sabonete (m) | σαπούνι (ουδ.) | [sapúni] |
| saboneteira (f) | σαπουνοθήκη (θηλ.) | [sapunoθíki] |

| esponja (f) | σφουγγάρι (ουδ.) | [sfungári] |
| champô (m) | σαμπουάν (ουδ.) | [sambuán] |

toalha (f)	πετσέτα (θηλ.)	[petséta]
roupão (m) de banho	μπουρνούζι (ουδ.)	[burnúzi]
lavagem (f)	μπουγάδα (θηλ.)	[buɣáða]
máquina (f) de lavar	πλυντήριο ρούχων (ουδ.)	[plindírio rúxon]
lavar a roupa	πλένω τα σεντόνια	[pléno ta sendónia]
detergente (m)	απορρυπαντικό (ουδ.)	[aporipandikó]

68. Eletrodomésticos

televisor (m)	τηλεόραση (θηλ.)	[tileórasi]
gravador (m)	κασετόφωνο (ουδ.)	[kasetófono]
videogravador (m)	συσκευή βίντεο (θηλ.)	[siskeví vídeo]
rádio (m)	ραδιόφωνο (ουδ.)	[raðiófono]
leitor (m)	πλέιερ (ουδ.)	[pléjer]
projetor (m)	βιντεοπροβολέας (αρ.)	[videoprovoléas]
cinema (m) em casa	οικιακός κινηματογράφος (αρ.)	[ikiakós kinimatoɣráfos]
leitor (m) de DVD	συσκευή DVD (θηλ.)	[siskeví dividí]
amplificador (m)	ενισχυτής (αρ.)	[enisxitís]
console (f) de jogos	κονσόλα παιχνιδιών (θηλ.)	[konsól'a pexniðion]
câmara (f) de vídeo	βιντεοκάμερα (θηλ.)	[videokámera]
máquina (f) fotográfica	φωτογραφική μηχανή (θηλ.)	[fotoɣrafikí mixaní]
câmara (f) digital	ψηφιακή φωτογραφική μηχανή (θηλ.)	[psifiakí fotoɣrafikí mixaní]
aspirador (m)	ηλεκτρική σκούπα (θηλ.)	[ilektrikí skúpa]
ferro (m) de engomar	σίδερο (ουδ.)	[síðero]
tábua (f) de engomar	σιδερώστρα (θηλ.)	[siðeróstra]
telefone (m)	τηλέφωνο (ουδ.)	[tiléfono]
telemóvel (m)	κινητό τηλέφωνο (ουδ.)	[kinitó tiléfono]
máquina (f) de escrever	γραφομηχανή (θηλ.)	[ɣrafomixaní]
máquina (f) de costura	ραπτομηχανή (θηλ.)	[raptomixaní]
microfone (m)	μικρόφωνο (ουδ.)	[mikrófono]
auscultadores (m pl)	ακουστικά (ουδ.πλ.)	[akustiká]
controlo remoto (m)	τηλεχειριστήριο (ουδ.)	[tilexiristírio]
CD (m)	συμπαγής δίσκος (αρ.)	[simpajís ðískos]
cassete (f)	κασέτα (θηλ.)	[kaséta]
disco (m) de vinil	δίσκος βινυλίου (αρ.)	[ðískos vinilíu]

ATIVIDADES HUMANAS

Emprego. Negócios. Parte 1

69. Escritório. O trabalho no escritório

escritório (~ de advogados)	γραφείο (ουδ.)	[γrafío]
escritório (do diretor, etc.)	γραφείο (ουδ.)	[γrafío]
receção (f)	ρεσεψιόν (θηλ.)	[resepsión]
secretário (m)	γραμματέας (αρ./θηλ.)	[γramatéas]
diretor (m)	διευθυντής (αρ.)	[ðiefθindís]
gerente (m)	μάνατζερ (αρ.)	[mánadzer]
contabilista (m)	λογιστής (αρ.)	[lʲojistís]
empregado (m)	υπάλληλος (αρ.)	[ipálilʲos]
mobiliário (m)	έπιπλα (ουδ.πλ.)	[épiplʲa]
mesa (f)	γραφείο (ουδ.)	[γrafío]
cadeira (f)	καρέκλα (θηλ.)	[karéklʲa]
bloco (m) de gavetas	συρταριέρα (θηλ.)	[sirtariéra]
cabide (m) de pé	καλόγερος (αρ.)	[kalʲójeros]
computador (m)	υπολογιστής (αρ.)	[ipolʲojistís]
impressora (f)	εκτυπωτής (αρ.)	[ektipotís]
fax (m)	φαξ (ουδ.)	[faks]
fotocopiadora (f)	φωτοτυπικό μηχάνημα (ουδ.)	[fototipikó mixánima]
papel (m)	χαρτί (ουδ.)	[xartí]
artigos (m pl) de escritório	χαρτικά (ουδ.πλ.)	[xartiká]
tapete (m) de rato	μάους παντ (ουδ.)	[máus pad]
folha (f) de papel	φύλλο (ουδ.)	[fílʲo]
pasta (f)	ντοσιέ (ουδ.)	[dosié]
catálogo (m)	κατάλογος (αρ.)	[katálʲoγos]
diretório (f) telefónico	τηλεφωνικός κατάλογος (αρ.)	[tilefonikós katálʲoγos]
documentação (f)	έγγραφα (ουδ.πλ.)	[éngrafa]
brochura (f)	φυλλάδιο (ουδ.)	[filʲáðio]
flyer (m)	φυλλάδιο (ουδ.)	[filʲáðio]
amostra (f)	δείγμα (ουδ.)	[ðíγma]
formação (f)	σεμινάριο (ουδ.)	[seminário]
reunião (f)	σύσκεψη (θηλ.)	[sískepsi]
hora (f) de almoço	μεσημεριανό διάλειμμα (ουδ.)	[mesimerianó ðiálima]
fazer uma cópia	κάνω αντίγραφο	[káno andíγrafo]
tirar cópias	κάνω αντίγραφα	[káno andíγrafa]
receber um fax	λαμβάνω φαξ	[lʲamváno faks]

enviar um fax	στέλνω φαξ	[stél'no faks]
fazer uma chamada	τηλεφωνώ	[tilefonó]
responder (vt)	απαντώ	[apandó]
passar (vt)	συνδέω	[sinðéo]
marcar (vt)	κλείνω ραντεβού	[klíno randevú]
demonstrar (vt)	επιδεικνύω	[epiðiknío]
estar ausente	απουσιάζω	[apusiázo]
ausência (f)	απουσία (θηλ.)	[apusía]

70. Processos negociais. Parte 1

ocupação (f)	επάγγελμα (ουδ.)	[epángel'ma]
firma, empresa (f)	εταιρία (θηλ.)	[etería]
companhia (f)	εταιρία (θηλ.)	[etería]
corporação (f)	εταιρεία (θηλ.)	[etería]
empresa (f)	οργανισμός (αρ.)	[orɣanizmós]
agência (f)	πρακτορείο (ουδ.)	[praktorío]

acordo (documento)	συμφωνία (θηλ.)	[simfonía]
contrato (m)	συμβόλαιο (ουδ.)	[simvóleo]
acordo (transação)	συμφωνία (θηλ.)	[simfonía]
encomenda (f)	παραγγελία (θηλ.)	[parangelía]
cláusulas (f pl), termos (m pl)	όρος (αρ.)	[óros]

por grosso (adv)	σε χονδρική	[se xonðrikí]
por grosso (adj)	χοντρικός	[xondrikós]
venda (f) por grosso	χονδρικό εμπόριο (ουδ.)	[xonðrikó embório]
a retalho	λιανικός	[lianikós]
venda (f) a retalho	λιανικό εμπόριο (ουδ.)	[lianikó embório]

concorrente (m)	ανταγωνιστής (αρ.)	[andaɣonistís]
concorrência (f)	ανταγωνισμός (αρ.)	[andaɣonizmós]
competir (vi)	ανταγωνίζομαι	[andaɣonízome]

| sócio (m) | συνέταιρος (αρ.) | [sinéteros] |
| parceria (f) | σύμπραξη (θηλ.) | [símpraksi] |

crise (f)	κρίση (θηλ.)	[krísi]
bancarrota (f)	χρεοκοπία (θηλ.)	[xreokopía]
entrar em falência	χρεοκοπώ	[xreokopó]
dificuldade (f)	δυσκολία (θηλ.)	[ðiskolía]
problema (m)	πρόβλημα (ουδ.)	[próvlima]
catástrofe (f)	καταστροφή (θηλ.)	[katastrofí]

economia (f)	οικονομία (θηλ.)	[ikonomía]
económico	οικονομικός	[ikonomikós]
recessão (f) económica	οικονομική ύφεση (θηλ.)	[ikonomikí ifesi]

| objetivo (m) | στόχος (αρ.) | [stóxos] |
| tarefa (f) | καθήκον (ουδ.) | [kaθíkon] |

| comerciar (vi, vt) | εμπορεύομαι | [emborévome] |
| rede (de distribuição) | δίκτυο (ουδ.) | [ðíktio] |

estoque (m)	απόθεμα (ουδ.)	[apóθema]
sortimento (m)	ποικιλία (θηλ.)	[pikilía]

líder (m)	αρχηγός (αρ.)	[arxiγós]
grande (~ empresa)	μεγάλος	[meγál'os]
monopólio (m)	μονοπώλιο (ουδ.)	[monopólio]

teoria (f)	θεωρία (θηλ.)	[θeoría]
prática (f)	πρακτική (θηλ.)	[praktikí]
experiência (falar por ~)	εμπειρία (θηλ.)	[embiría]
tendência (f)	τάση (θηλ.)	[tási]
desenvolvimento (m)	εξέλιξη (θηλ.)	[ekséliksi]

71. Processos negociais. Parte 2

rentabilidade (f)	κέρδος (ουδ.)	[kérðos]
rentável	κερδοφόρος	[kerðofóros]

delegação (f)	αντιπροσωπεία (θηλ.)	[andiprosopía]
salário, ordenado (m)	μισθός (αρ.)	[misθós]
corrigir (um erro)	διορθώνω	[ðiorθóno]
viagem (f) de negócios	επαγγελματικό ταξίδι (ουδ.)	[epangel'matikó taksíði]
comissão (f)	επιτροπή (θηλ.)	[epitropí]

controlar (vt)	ελέγχω	[elénxo]
conferência (f)	συνέδριο (ουδ.)	[sinéðrio]
licença (f)	άδεια (θηλ.)	[áðia]
confiável	αξιόπιστος	[aksiópistos]

empreendimento (m)	πρωτοβουλία (θηλ.)	[protovulía]
norma (f)	προδιαγραφή (θηλ.)	[proðiaγrafí]
circunstância (f)	περίσταση (θηλ.)	[perístasi]
dever (m)	υποχρέωση (θηλ.)	[ipoxréosi]

empresa (f)	οργάνωση (θηλ.)	[orγánosi]
organização (f)	οργάνωση (θηλ.)	[orγánosi]
organizado	οργανωμένος	[orγanoménos]
anulação (f)	ακύρωση (θηλ.)	[akírosi]
anular, cancelar (vt)	ακυρώνω	[akiróno]
relatório (m)	έκθεση, αναφορά (θηλ.)	[ékθesi], [anaforá]

patente (f)	πατέντα (θηλ.)	[paténda]
patentear (vt)	πατεντάρω	[patendáro]
planear (vt)	σχεδιάζω	[sxeðiázo]

prémio (m)	μπόνους (ουδ.)	[bónus]
profissional	επαγγελματικός	[epangel'matikós]
procedimento (m)	διαδικασία (θηλ.)	[ðiaðikasía]

examinar (a questão)	εξετάζω	[eksetázo]
cálculo (m)	υπολογισμός (αρ.)	[ipol'ojizmós]
reputação (f)	υπόληψη (θηλ.)	[ipólipsi]
risco (m)	ρίσκο (ουδ.)	[rísko]
dirigir (~ uma empresa)	διευθύνω	[ðiefθíno]

informação (f)	στοιχεία (ουδ.πλ.)	[stixía]
propriedade (f)	ιδιοκτησία (θηλ.)	[iðioktisía]
união (f)	ένωση (θηλ.)	[énosi]

seguro (m) de vida	ασφάλιση ζωής (θηλ.)	[asfálisi zoís]
fazer um seguro	ασφαλίζω	[asfalízo]
seguro (m)	ασφάλεια (θηλ.)	[asfália]

leilão (m)	δημοπρασία (θηλ.)	[ðimoprasía]
notificar (vt)	ειδοποιώ	[iðopió]
gestão (f)	διοίκηση (θηλ.)	[ðiíkisi]
serviço (indústria de ~s)	υπηρεσία (θηλ.)	[ipiresía]

fórum (m)	φόρουμ (ουδ.)	[fórum]
funcionar (vi)	λειτουργώ	[liturγó]
estágio (m)	στάδιο (ουδ.)	[stáðio]
jurídico	νομικός	[nomikós]
jurista (m)	νομικός (αρ.)	[nomikós]

72. Produção. Trabalhos

usina (f)	εργοστάσιο (ουδ.)	[erγostásio]
fábrica (f)	εργοστάσιο (ουδ.)	[erγostásio]
oficina (f)	εργαστήρι (ουδ.)	[erγastíri]
local (m) de produção	παραγωγική μονάδα (θηλ.)	[paraγojikí monáða]

indústria (f)	βιομηχανία (θηλ.)	[viomixanía]
industrial	βιομηχανικός	[viomixanikós]
indústria (f) pesada	βαριά βιομηχανία (θηλ.)	[variá viomixanía]
indústria (f) ligeira	ελαφρά βιομηχανία (θηλ.)	[elʲafrá viomixanía]

produção (f)	προϊόντα (ουδ.πλ.)	[projónda]
produzir (vt)	παράγω	[paráγo]
matérias-primas (f pl)	πρώτες ύλες (θηλ.πλ.)	[prótes íles]

chefe (m) de brigada	εργοδηγός (αρ.)	[erγoðiγós]
brigada (f)	ομάδα (θηλ.)	[omáða]
operário (m)	εργάτης (αρ.)	[erγátis]

dia (m) de trabalho	εργάσιμη μέρα (θηλ.)	[erγásimi méra]
pausa (f)	διάλειμμα (ουδ.)	[ðiálima]
reunião (f)	σύσκεψη (θηλ.)	[sískepsi]
discutir (vt)	συζητώ	[sizitó]

plano (m)	σχέδιο (ουδ.)	[sxéðio]
cumprir o plano	υλοποιώ το σχέδιο	[ilʲopió to sxéðio]
taxa (f) de produção	ρυθμός παραγωγής (αρ.)	[riθmós paraγojís]
qualidade (f)	ποιότητα (θηλ.)	[piótita]
controlo (m)	έλεγχος (αρ.)	[élenxos]
controlo (m) da qualidade	έλεγχος ποιότητας (αρ.)	[élenxos piótitas]

segurança (f) no trabalho	ασφάλεια της εργασίας (θηλ.)	[asfália tis erγasías]
disciplina (f)	πειθαρχία (θηλ.)	[piθarxía]
infração (f)	παράβαση (θηλ.)	[parávasi]

violar (as regras)	παραβιάζω	[paraviázo]
greve (f)	απεργία (θηλ.)	[aperjía]
grevista (m)	απεργός (αρ.)	[aperɣós]
estar em greve	απεργώ	[aperɣó]
sindicato (m)	συνδικάτο (ουδ.)	[sinðikáto]

inventar (vt)	εφευρίσκω	[efevrísko]
invenção (f)	εφεύρεση (θηλ.)	[efévresi]
pesquisa (f)	έρευνα (θηλ.)	[érevna]
melhorar (vt)	βελτιώνω	[vel'tióno]
tecnologia (f)	τεχνολογία (θηλ.)	[texnol'ojía]
desenho (m) técnico	σχέδιο (ουδ.)	[sxéðio]

carga (f)	φορτίο (ουδ.)	[fortío]
carregador (m)	φορτωτής (αρ.)	[fortotís]
carregar (vt)	φορτώνω	[fortóno]
carregamento (m)	φόρτωση (θηλ.)	[fórtosi]
descarregar (vt)	ξεφορτώνω	[ksefortóno]
descarga (f)	ξεφόρτωμα (ουδ.)	[ksefórtoma]

transporte (m)	μεταφορά (θηλ.)	[metaforá]
companhia (f) de transporte	μεταφορική εταιρία (θηλ.)	[metaforikí etería]
transportar (vt)	μεταφέρω	[metaféro]

vagão (m) de carga	φορτηγό βαγόνι (ουδ.)	[fortiɣó vaɣóni]
cisterna (f)	δεξαμενή (θηλ.)	[ðeksamení]
camião (m)	φορτηγό (ουδ.)	[fortiɣó]

máquina-ferramenta (f)	εργαλειομηχανή (θηλ.)	[erɣaliomixaní]
mecanismo (m)	μηχανισμός (αρ.)	[mixanizmós]

resíduos (m pl) industriais	βιομηχανικά απόβλητα (ουδ.πλ.)	[viomixaniká apóvlita]
embalagem (f)	συσκευασία (θηλ.)	[siskevasía]
embalar (vt)	συσκευάζω	[siskevázo]

73. Contrato. Acordo

contrato (m)	συμβόλαιο (ουδ.)	[simvóleo]
acordo (m)	συμφωνία (θηλ.)	[simfonía]
adenda (f), anexo (m)	παράρτημα (ουδ.)	[parártima]

assinar o contrato	υπογράφω συμβόλαιο	[ipoɣráfo simvóleo]
assinatura (f)	υπογραφή (θηλ.)	[ipoɣrafí]
assinar (vt)	υπογράφω	[ipoɣráfo]
carimbo (m)	σφραγίδα (θηλ.)	[sfrajíða]

objeto (m) do contrato	αντικείμενο της σύμβασης (ουδ.)	[andikímeno tis simvásis]
cláusula (f)	ρήτρα (θηλ.)	[rítra]
partes (f pl)	συμβαλλόμενοι (αρ.πλ.)	[simval'ómeni]
morada (f) jurídica	διεύθυνση εγγεγραμμένου γραφείου (θηλ.)	[ðiéfθinsi engeɣraménu ɣrafíu]
violar o contrato	παραβιάζω τη σύμβαση	[paraviázo ti símvasi]

obrigação (f)	υποχρέωση (θηλ.)	[ipoxréosi]
responsabilidade (f)	ευθύνη (θηλ.)	[efθíni]
força (f) maior	ανωτέρα βία (θηλ.)	[anotéra vía]
litígio (m), disputa (f)	διαφωνία, διαφορά (θηλ.)	[δiafonía], [δiaforá]
multas (f pl)	κυρώσεις (θηλ.πλ.)	[kirósis]

74. Importação & Exportação

importação (f)	εισαγωγή (θηλ.)	[isaγojí]
importador (m)	εισαγωγέας (αρ.)	[isaγojéas]
importar (vt)	εισάγω	[isáγo]
de importação	εισαγόμενος	[isaγómenos]
exportador (m)	εξαγωγέας (αρ.)	[eksaγojéas]
exportar (vt)	εξάγω	[eksáγo]
mercadoria (f)	εμπόρευμα (ουδ.)	[embórevma]
lote (de mercadorias)	παρτίδα (θηλ.)	[partíδa]
peso (m)	βάρος (ουδ.)	[város]
volume (m)	όγκος (αρ.)	[óngos]
metro (m) cúbico	κυβικό μέτρο (ουδ.)	[kivikó métro]
produtor (m)	παραγωγός (αρ.)	[paraγoγós]
companhia (f) de transporte	μεταφορική εταιρία (θηλ.)	[metaforikí etería]
contentor (m)	εμπορευματοκιβώτιο (ουδ.)	[emborevmatokivótio]
fronteira (f)	σύνορο (ουδ.)	[sínoro]
alfândega (f)	τελωνείο (ουδ.)	[telʲonío]
taxa (f) alfandegária	τελωνειακός δασμός (αρ.)	[telʲoniakós δazmós]
funcionário (m) da alfândega	τελωνειακός (αρ.)	[telʲoniakós]
contrabando (atividade)	λαθρεμπόριο (ουδ.)	[lʲaθrembório]
contrabando (produtos)	λαθραία εμπορεύματα (ουδ.πλ.)	[lʲaθréa emborévmata]

75. Finanças

ação (f)	μετοχή (θηλ.)	[metoxí]
obrigação (f)	ομόλογο (ουδ.)	[omólʲoγo]
nota (f) promissória	γραμμάτιο (ουδ.)	[γramátio]
bolsa (f)	χρηματιστήριο (ουδ.)	[xrimatistírio]
cotação (m) das ações	τιμή μετοχής (θηλ.)	[timí metoxís]
tornar-se mais barato	πέφτω	[péfto]
tornar-se mais caro	ακριβαίνω	[akrivéno]
participação (f) maioritária	ελέγχουσα συμμετοχή (θηλ.)	[elénxusa simetoxí]
investimento (m)	επενδύσεις (θηλ.πλ.)	[epenδísis]
investir (vt)	επενδύω	[epenδío]
percentagem (f)	τοις εκατό	[tis ekató]
juros (m pl)	τόκος (αρ.)	[tókos]

lucro (m)	κέρδος (ουδ.)	[kérðos]
lucrativo	κερδοφόρος	[kerðofóros]
imposto (m)	φόρος (αρ.)	[fóros]
divisa (f)	συνάλλαγμα (ουδ.)	[sinálʲaɣma]
nacional	εθνικός	[eθnikós]
câmbio (m)	ανταλλαγή (θηλ.)	[andalʲaʝí]
contabilista (m)	λογιστής (αρ.)	[lʲoʝistís]
contabilidade (f)	λογιστήριο (αρ.)	[lʲoʝistírio]
bancarrota (f)	χρεοκοπία (θηλ.)	[xreokopía]
falência (f)	κατάρρευση (θηλ.)	[katárefsi]
ruína (f)	χρεοκοπία (θηλ.)	[xreokopía]
arruinar-se (vr)	χρεοκοπώ	[xreokopó]
inflação (f)	πληθωρισμός (αρ.)	[pliθorizmós]
desvalorização (f)	υποτίμηση (θηλ.)	[ipotímisi]
capital (m)	κεφάλαιο (ουδ.)	[kefáleo]
rendimento (m)	κέρδος (ουδ.)	[kérðos]
volume (m) de negócios	τζίρος (αρ.)	[dzíros]
recursos (m pl)	πόροι (αρ.πλ.)	[póri]
recursos (m pl) financeiros	νομισματικοί πόροι (αρ.πλ.)	[nomizmatikí póri]
reduzir (vt)	μειώνω	[mióno]

76. Marketing

marketing (m)	μάρκετινγκ (ουδ.)	[márketing]
mercado (m)	αγορά (θηλ.)	[aɣorá]
segmento (m) do mercado	τμήμα αγοράς (ουδ.)	[tmíma aɣorás]
produto (m)	προϊόν (ουδ.)	[projón]
mercadoria (f)	εμπόρευμα (ουδ.)	[embórevma]
marca (f)	εμπορικό σήμα (ουδ.)	[emborikó síma]
logotipo (m)	λογότυπο (ουδ.)	[lʲoɣótipo]
logo (m)	λογότυπο (ουδ.)	[lʲoɣótipo]
demanda (f)	ζήτηση (θηλ.)	[zítisi]
oferta (f)	προσφορά (θηλ.)	[prosforá]
necessidade (f)	ανάγκη (θηλ.)	[anángi]
consumidor (m)	καταναλωτής (αρ.)	[katanalʲotís]
análise (f)	ανάλυση (θηλ.)	[análisi]
analisar (vt)	αναλύω	[analío]
posicionamento (m)	τοποθέτηση (θηλ.)	[topoθétisi]
posicionar (vt)	τοποθετώ	[topoθetó]
preço (m)	τιμή (θηλ.)	[timí]
política (f) de preços	πολιτική τιμών (θηλ.)	[politikí timón]
formação (f) de preços	τιμολόγηση (θηλ.)	[timolʲóʝisi]

77. Publicidade

publicidade (f)	διαφήμιση (θηλ.)	[ðiafímisi]
publicitar (vt)	διαφημίζω	[ðiafimízo]
orçamento (m)	προϋπολογισμός (αρ.)	[proipoliojizmós]

anúncio (m) publicitário	διαφήμιση (θηλ.)	[ðiafímisi]
publicidade (f) televisiva	τηλεοπτική διαφήμιση (θηλ.)	[tileoptikí ðiafímisi]
publicidade (f) na rádio	ραδιοφωνική διαφήμιση (θηλ.)	[raðiofonikí ðiafímisi]
publicidade (f) exterior	εξωτερική διαφήμιση (θηλ.)	[eksoterikí ðiafímisi]

comunicação (f) de massa	μέσα μαζικής ενημέρωσης (ουδ.πλ.)	[mésa mazikís enimérosis]
periódico (m)	περιοδικό (ουδ.)	[perioðikó]
imagem (f)	εικόνα (θηλ.)	[ikóna]

slogan (m)	σύνθημα (ουδ.)	[sínθima]
mote (m), divisa (f)	μότο (ουδ.)	[móto]

campanha (f)	καμπάνια (θηλ.)	[kambánia]
companha (f) publicitária	διαφημιστική καμπάνια (θηλ.)	[ðiafimistikí kambánia]
grupo (m) alvo	ομάδα στόχος (θηλ.)	[omáða stóxos]

cartão (m) de visita	επαγγελματική κάρτα (θηλ.)	[epangelimatikí kárta]
flyer (m)	φυλλάδιο (ουδ.)	[filiáðio]
brochura (f)	φυλλάδιο (ουδ.)	[filiáðio]
folheto (m)	φυλλάδιο (ουδ.)	[filiáðio]
boletim (~ informativo)	ενημερωτικό δελτίο (ουδ.)	[enimerotikó delitío]

letreiro (m)	ταμπέλα (θηλ.)	[tabélia]
cartaz, póster (m)	αφίσα, πόστερ (ουδ.)	[afísa], [póster]
painel (m) publicitário	διαφημιστική πινακίδα (θηλ.)	[ðiafimistikí pinakíða]

78. Banca

banco (m)	τράπεζα (θηλ.)	[trápeza]
sucursal, balcão (f)	κατάστημα (ουδ.)	[katástima]

consultor (m)	υπάλληλος (αρ.)	[ipáliios]
gerente (m)	διευθυντής (αρ.)	[ðiefθindís]

conta (f)	λογαριασμός (αρ.)	[lioyariazmós]
número (m) da conta	αριθμός λογαριασμού (αρ.)	[ariθmós lioyariazmú]
conta (f) corrente	τρεχούμενος λογαριασμός (αρ.)	[trexúmenos lioyariazmós]

abrir uma conta	ανοίγω λογαριασμό	[aníyo lioyariazmó]
fechar uma conta	κλείνω λογαριασμό	[klíno lioyariazmó]
depositar na conta	καταθέτω στο λογαριασμό	[kataθéto sto lioyariazmó]
levantar (vt)	κάνω ανάληψη	[káno análipsi]
depósito (m)	κατάθεση (θηλ.)	[katáθesi]

fazer um depósito	καταθέτω	[kataθéto]
transferência (f) bancária	έμβασμα (ουδ.)	[émvazma]
transferir (vt)	εμβάζω	[emvázo]
soma (f)	ποσό (ουδ.)	[posó]
Quanto?	Πόσο κάνει;	póso káni?
assinatura (f)	υπογραφή (θηλ.)	[ipoγrafí]
assinar (vt)	υπογράφω	[ipoγráfo]
cartão (m) de crédito	πιστωτική κάρτα (θηλ.)	[pistotikí kárta]
código (m)	κωδικός (αρ.)	[koðikós]
número (m) do cartão de crédito	αριθμός πιστωτικής κάρτας (αρ.)	[ariθmós pistotikís kártas]
Caixa Multibanco (m)	ATM (ουδ.)	[eitiém]
cheque (m)	επιταγή (θηλ.)	[epitaʝí]
passar um cheque	κόβω επιταγή	[kóvo epitaʝí]
livro (m) de cheques	βιβλιάριο επιταγών (ουδ.)	[vivliário epitaγón]
empréstimo (m)	δάνειο (ουδ.)	[ðánio]
pedir um empréstimo	υποβάλλω αίτηση για δάνειο	[ipováʎo étisi ʝa ðánio]
obter um empréstimo	παίρνω δάνειο	[pérno ðánio]
conceder um empréstimo	παρέχω δάνειο	[paréxo ðánio]

79. Telefone. Conversação telefónica

telefone (m)	τηλέφωνο (ουδ.)	[tiléfono]
telemóvel (m)	κινητό τηλέφωνο (ουδ.)	[kinitó tiléfono]
secretária (f) electrónica	τηλεφωνητής (αρ.)	[tilefonitís]
fazer uma chamada	τηλεφωνώ	[tilefonó]
chamada (f)	κλήση (θηλ.)	[klísi]
marcar um número	καλώ έναν αριθμό	[kaʎó énan ariθmó]
Alô!	Εμπρός!	[embrós]
perguntar (vt)	ρωτάω	[rotáo]
responder (vt)	απαντώ	[apandó]
ouvir (vt)	ακούω	[akúo]
bem	καλά	[kaʎá]
mal	χάλια	[xália]
ruído (m)	παρεμβολές (θηλ.πλ.)	[paremvolés]
auscultador (m)	ακουστικό (ουδ.)	[akustikó]
pegar o telefone	σηκώνω το ακουστικό	[sikóno to akustikó]
desligar (vi)	κλείνω το τηλεφώνο	[klíno to tiléfono]
ocupado	κατειλημμένος	[katiliménos]
tocar (vi)	χτυπάω	[xtipáo]
lista (f) telefónica	τηλεφωνικός κατάλογος (αρ.)	[tilefonikós katáʎoγos]
local	τοπική	[topikí]

| de longa distância | υπεραστική | [iperastikí] |
| internacional | διεθνής | [ðieθnís] |

80. Telefone móvel

telemóvel (m)	κινητό τηλέφωνο (ουδ.)	[kinitó tiléfono]
ecrã (m)	οθόνη (θηλ.)	[oθóni]
botão (m)	κουμπί (ουδ.)	[kumbí]
cartão SIM (m)	κάρτα SIM (θηλ.)	[kárta sim]

bateria (f)	μπαταρία (θηλ.)	[bataría]
descarregar-se	εξαντλούμαι	[eksantlʲúme]
carregador (m)	φορτιστής (αρ.)	[fortistís]

| menu (m) | μενού (ουδ.) | [menú] |
| definições (f pl) | ρυθμίσεις (θηλ.πλ.) | [riθmísis] |

| melodia (f) | μελωδία (θηλ.) | [melʲoðía] |
| escolher (vt) | επιλέγω | [epiléγo] |

calculadora (f)	αριθμομηχανή (θηλ.)	[ariθmomixaní]
correio (m) de voz	τηλεφωνητής (αρ.)	[tilefonitís]
despertador (m)	ξυπνητήρι (ουδ.)	[ksipnitíri]
contatos (m pl)	επαφές (θηλ.πλ.)	[epafés]

| mensagem (f) de texto | μήνυμα SMS (ουδ.) | [mínima esemés] |
| assinante (m) | συνδρομητής (αρ.) | [sinðromitís] |

81. Estacionário

| caneta (f) | στιλό διαρκείας (ουδ.) | [stilʲó ðiarkías] |
| caneta (f) tinteiro | πέννα (θηλ.) | [péna] |

lápis (m)	μολύβι (ουδ.)	[molívi]
marcador (m)	μαρκαδόρος (αρ.)	[markaðóros]
caneta (f) de feltro	μαρκαδόρος (αρ.)	[markaðóros]

| bloco (m) de notas | μπλοκ (ουδ.) | [blʲok] |
| agenda (f) | ατζέντα (θηλ.) | [adzénda] |

régua (f)	χάρακας (αρ.)	[xárakas]
calculadora (f)	αριθμομηχανή (θηλ.)	[ariθmomixaní]
borracha (f)	γόμα (θηλ.)	[γóma]

| pionés (m) | πινέζα (θηλ.) | [pinéza] |
| clipe (m) | συνδετήρας (αρ.) | [sinðetíras] |

| cola (f) | κόλλα (θηλ.) | [kólʲa] |
| agrafador (m) | συρραπτικό (ουδ.) | [siraptikó] |

| furador (m) | περφορατέρ (ουδ.) | [perforatér] |
| afia-lápis (m) | ξύστρα (θηλ.) | [ksístra] |

82. Tipos de negócios

serviços (m pl) de contabilidade	λογιστικές υπηρεσίες (θηλ.πλ.)	[lʲojistikés iperisíes]
publicidade (f)	διαφήμιση (θηλ.)	[ðiafímisi]
agência (f) de publicidade	διαφημιστικό πρακτορείο (ουδ.)	[ðiafimistikó praktorío]
ar (m) condicionado	κλιματιστικά (ουδ.πλ.)	[klimatistiká]
companhia (f) aérea	αεροπορική εταιρεία (θηλ.)	[aeroporikí etería]
bebidas (f pl) alcoólicas	αλκοολούχα ποτά (ουδ.πλ.)	[alʲkoolʲúxa potá]
comércio (m) de antiguidades	αντίκες (θηλ.πλ.)	[andíkes]
galeria (f) de arte	γκαλερί (θηλ.)	[galerí]
serviços (m pl) de auditoria	ελεγκτικές υπηρεσίες (θηλ.πλ.)	[elengtikés iperisíes]
negócios (m pl) bancários	τραπεζικός τομέας (αρ.)	[trapezikós toméas]
bar (m)	μπαρ (ουδ.)	[bar]
salão (m) de beleza	κέντρο ομορφιάς (ουδ.)	[kéndro omorfiás]
livraria (f)	βιβλιοπωλείο (ουδ.)	[vivliopolío]
cervejaria (f)	ζυθοποιία (θηλ.)	[ziθopiía]
centro (m) de escritórios	κτίριο γραφείων (ουδ.)	[ktírio ɣrafíon]
escola (f) de negócios	σχολή επιχειρήσεων (θηλ.)	[sxolí epixiríseon]
casino (m)	καζίνο (ουδ.)	[kazíno]
construção (f)	κατασκευές (θηλ.πλ.)	[kataskevés]
serviços (m pl) de consultoria	συμβουλευτικές υπηρεσίες (θηλ.πλ.)	[simvuleftikés ipiresíes]
estomatologia (f)	οδοντιατρική κλινική (θηλ.)	[oðondiatrikí klinikí]
design (m)	σχεδιασμός (αρ.)	[sxeðiazmós]
farmácia (f)	φαρμακείο (ουδ.)	[farmakío]
lavandaria (f)	στεγνοκαθαριστήριο (ουδ.)	[steɣnokaθaristírio]
agência (f) de emprego	γραφείο ευρέσεως εργασίας (ουδ.)	[ɣrafío évresis erɣasías]
serviços (m pl) financeiros	χρηματοοικονομικές υπηρεσίες (θηλ.πλ.)	[xrimatikonomikés ipiresíes]
alimentos (m pl)	τρόφιμα (ουδ.πλ.)	[trófima]
agência (f) funerária	γραφείο τελετών (ουδ.)	[ɣrafío teletón]
mobiliário (m)	έπιπλα (ουδ.πλ.)	[épiplʲa]
roupa (f)	ενδύματα (ουδ.πλ.)	[enðímata]
hotel (m)	ξενοδοχείο (ουδ.)	[ksenoðoxío]
gelado (m)	παγωτό (ουδ.)	[paɣotó]
indústria (f)	βιομηχανία (θηλ.)	[viomixanía]
seguro (m)	ασφάλιση (θηλ.)	[asfálisi]
internet (f)	διαδίκτυο (ουδ.)	[ðiaðíktio]
investimento (m)	επενδύσεις (θηλ.πλ.)	[epenðísis]
joalheiro (m)	κοσμηματοπώλης (αρ.)	[kozmimatopólis]
joias (f pl)	κοσμήματα (ουδ.πλ.)	[kozmímata]
lavandaria (f)	καθαριστήριο ρούχων (ουδ.)	[kaθaristírio rúxon]
serviços (m pl) jurídicos	νομικός σύμβουλος (αρ.)	[nomikós símvulʲos]
indústria (f) ligeira	ελαφρά βιομηχανία (θηλ.)	[elʲafrá viomixanía]

revista (f)	περιοδικό (ουδ.)	[perioδikó]
vendas (f pl) por catálogo	πωλήσεις με αλληλογραφία (θηλ.πλ.)	[polísis me alil'oɣrafía]
medicina (f)	ιατρική (θηλ.)	[jatrikí]
cinema (m)	κινηματογράφος (αρ.)	[kinimatoɣráfos]
museu (m)	μουσείο (ουδ.)	[musío]
agência (f) de notícias	ειδησεογραφικό πρακτορείο (ουδ.)	[iδiseoɣrafikó praktorío]
jornal (m)	εφημερίδα (θηλ.)	[efimeríδa]
clube (m) noturno	νυχτερινό κέντρο (ουδ.)	[nixterinó kéndro]
petróleo (m)	πετρέλαιο (ουδ.)	[petréleo]
serviço (m) de encomendas	υπηρεσία ταχυμεταφοράς (θηλ.)	[ipiresía taximetaforás]
indústria (f) farmacêutica	φαρμακοποιία (θηλ.)	[farmakopiía]
poligrafia (f)	τυπογραφία (θηλ.)	[tipoɣrafía]
editora (f)	εκδοτικός οίκος (αρ.)	[ekδotikós íkos]
rádio (m)	ραδιόφωνο (ουδ.)	[raδiófono]
imobiliário (m)	ακίνητη περιουσία (θηλ.)	[akíniti periusía]
restaurante (m)	εστιατόριο (ουδ.)	[estiatório]
empresa (f) de segurança	εταιρεία παροχής υπηρεσιών ασφαλείας (θηλ.)	[etería paroxís ipiresión asfalías]
desporto (m)	αθλητισμός (αρ.)	[aθlitizmós]
bolsa (f)	χρηματιστήριο (ουδ.)	[xrimatistírio]
loja (f)	κατάστημα (ουδ.)	[katástima]
supermercado (m)	σουπερμάρκετ (ουδ.)	[supermárket]
piscina (f)	πισίνα (θηλ.)	[pisína]
alfaiataria (f)	ραφτάδικο (ουδ.)	[raftáδiko]
televisão (f)	τηλεόραση (θηλ.)	[tileórasi]
teatro (m)	θέατρο (ουδ.)	[θéatro]
comércio (atividade)	εμπόριο (ουδ.)	[embório]
serviços (m pl) de transporte	μεταφορά (θηλ.)	[metaforá]
viagens (f pl)	τουρισμός (αρ.)	[turizmós]
veterinário (m)	κτηνίατρος (αρ.)	[ktiníatros]
armazém (m)	αποθήκη (θηλ.)	[apoθíki]
recolha (f) do lixo	αποκομιδή απορριμάτων (θηλ.)	[apokomiδí aporimáton]

Emprego. Negócios. Parte 2

83. Espetáculo. Feira

feira (f)	έκθεση (θηλ.)	[ékθesi]
feira (f) comercial	εμπορική έκθεση (θηλ.)	[emborikí ékθesi]
participação (f)	συμμετοχή (θηλ.)	[simetoxí]
participar (vi)	συμμετέχω	[simetéxo]
participante (m)	εκθέτης (αρ.)	[ekθétis]
diretor (m)	διευθυντής (αρ.)	[ðiefθindís]
direção (f)	διοργανώτρια εταιρεία (αρ.)	[ðiorɣanótria etería]
organizador (m)	οργανωτής (αρ.)	[orɣanotís]
organizar (vt)	διοργανώνω	[ðiorɣanóno]
ficha (f) de inscrição	δήλωση συμμετοχής (θηλ.)	[ðíl^josi simetoxís]
preencher (vt)	συμπληρώνω	[simbliróno]
detalhes (m pl)	λεπτομέρειες (θηλ.πλ.)	[leptoméries]
informação (f)	πληροφορίες (θηλ.πλ.)	[pliroforíes]
preço (m)	τιμή (θηλ.), κόστος (ουδ.)	[timí], [kóstos]
incluindo	συμπεριλαμβανομένου	[simberil^jamvanoménu]
incluir (vt)	συμπεριλαμβάνω	[simberil^jamváno]
pagar (vt)	πληρώνω	[pliróno]
taxa (f) de inscrição	κόστος εγγραφής (ουδ.)	[kóstos engrafís]
entrada (f)	είσοδος (θηλ.)	[ísoðos]
pavilhão (m)	αίθουσα (θηλ.), περίπτερο (ουδ.)	[éθusa], [períptero]
inscrever (vt)	καταχωρώ	[kataxoró]
crachá (m)	κονκάρδα (θηλ.)	[konkárða]
stand (m)	περίπτερο (ουδ.)	[períptero]
reservar (vt)	κλείνω	[klíno]
vitrina (f)	βιτρίνα (θηλ.)	[vitrína]
foco, spot (m)	προβολέας (αρ.)	[provoléas]
design (m)	σχεδιασμός (αρ.)	[sxeðiasmós]
pôr, colocar (vt)	τοποθετώ	[topoθetó]
distribuidor (m)	διανομέας (αρ.)	[ðianoméas]
fornecedor (m)	προμηθευτής (αρ.)	[promiθeftís]
país (m)	χώρα (θηλ.)	[xóra]
estrangeiro	ξένος	[ksénos]
produto (m)	προϊόν (ουδ.)	[projón]
associação (f)	σύλλογος (αρ.)	[síl^joɣos]
sala (f) de conferências	αίθουσα συνεδριάσεων (θηλ.)	[éθusa sineðriáseon]

| congresso (m) | συνέδριο (ουδ.) | [sinéðrio] |
| concurso (m) | διαγωνισμός (αρ.) | [ðiaγonizmós] |

visitante (m)	επισκέπτης (αρ.)	[episképtis]
visitar (vt)	επισκέπτομαι	[episképtome]
cliente (m)	πελάτης (αρ.)	[peljátis]

84. Ciência. Investigação. Cientistas

ciência (f)	επιστήμη (θηλ.)	[epistími]
científico	επιστημονικός	[epistimonikós]
cientista (m)	επιστήμονας (αρ.)	[epistímonas]
teoria (f)	θεωρία (θηλ.)	[θeoría]

axioma (m)	αξίωμα (ουδ.)	[aksíoma]
análise (f)	ανάλυση (θηλ.)	[análisi]
analisar (vt)	αναλύω	[analío]
argumento (m)	επιχείρημα (ουδ.)	[epixírima]
substância (f)	ουσία (θηλ.)	[usía]

hipótese (f)	υπόθεση (θηλ.)	[ipóθesi]
dilema (m)	δίλημμα (ουδ.)	[ðílima]
tese (f)	διατριβή (θηλ.)	[ðiatriví]
dogma (m)	δόγμα (ουδ.)	[ðóγma]

doutrina (f)	δοξασία (θηλ.)	[ðoksasía]
pesquisa (f)	έρευνα (θηλ.)	[érevna]
pesquisar (vt)	ερευνώ	[erevnó]
teste (m)	δοκιμές (θηλ.πλ.)	[ðokimés]
laboratório (m)	εργαστήριο (ουδ.)	[erγastírio]

método (m)	μέθοδος (θηλ.)	[méθoðos]
molécula (f)	μόριο (ουδ.)	[mório]
monitoramento (m)	παρακολούθηση (θηλ.)	[parakoljúθisi]
descoberta (f)	ανακάλυψη (θηλ.)	[anakálipsi]

postulado (m)	αξίωμα (ουδ.)	[aksíoma]
princípio (m)	αρχή (θηλ.)	[arxí]
prognóstico (previsão)	πρόγνωση (θηλ.)	[próγnosi]
prognosticar (vt)	προβλέπω	[provlépo]

síntese (f)	σύνθεση (θηλ.)	[sínθesi]
tendência (f)	τάση (θηλ.)	[tási]
teorema (m)	θεώρημα (ουδ.)	[θeórima]

ensinamentos (m pl)	διδαχές (θηλ.πλ.)	[ðiðaxés]
facto (m)	γεγονός (ουδ.)	[jeγonós]
expedição (f)	αποστολή (θηλ.)	[apostolí]
experiência (f)	πείραμα (ουδ.)	[pírama]

académico (m)	ακαδημαϊκός (αρ.)	[akaðimaikós]
bacharel (m)	πτυχιούχος (αρ.)	[ptixiúxos]
doutor (m)	δόκτορας (αρ.)	[ðóktoras]
docente (m)	επίκουρος καθηγητής (αρ.)	[epíkuros kaθijitís]

mestre (m)	κάτοχος μάστερ (αρ.)	[kátoxos máster]
professor (m) catedrático	καθηγητής (αρ.)	[kaθijitís]

Profissões e ocupações

85. Procura de emprego. Demissão

trabalho (m)	δουλειά (θηλ.)	[ðuliá]
equipa (f)	προσωπικό (ουδ.)	[prosopikó]
carreira (f)	καριέρα (θηλ.)	[kariéra]
perspetivas (f pl)	προοπτικές (θηλ.πλ.)	[prooptikés]
mestria (f)	μαστοριά (θηλ.)	[mastoriá]
seleção (f)	επιλογή (θηλ.)	[epiloĵí]
agência (f) de emprego	γραφείο ευρέσεως εργασίας (ουδ.)	[ɣrafío évresis erɣasías]
CV, currículo (m)	βιογραφικό (ουδ.)	[vioɣrafikó]
entrevista (f) de emprego	συνέντευξη (θηλ.)	[sinéndefksi]
vaga (f)	κενή θέση (θηλ.)	[kení θési]
salário (m)	μισθός (αρ.)	[misθós]
salário (m) fixo	άκαμπτος μισθός (αρ.)	[ákamptos misθós]
pagamento (m)	αμοιβή (θηλ.)	[amiví]
posto (m)	θέση (θηλ.)	[θési]
dever (do empregado)	υποχρέωση (θηλ.)	[ipoxréosi]
gama (f) de deveres	φάσμα καθηκόντων (ουδ.)	[fázma kaθikóndon]
ocupado	απασχολημένος	[apasxoliménos]
despedir, demitir (vt)	απολύω	[apolío]
demissão (f)	απόλυση (θηλ.)	[apólisi]
desemprego (m)	ανεργία (θηλ.)	[anerĵía]
desempregado (m)	άνεργος (αρ.)	[áneryos]
reforma (f)	σύνταξη (θηλ.)	[síndaksi]
reformar-se	βγαίνω σε σύνταξη	[vĵéno se síndaksi]

86. Gente de negócios

diretor (m)	διευθυντής (αρ.)	[ðiefθindís]
gerente (m)	διευθυντής (αρ.)	[ðiefθindís]
patrão, chefe (m)	διαχειριστής (αρ.)	[ðiaxiristís]
superior (m)	προϊστάμενος (αρ.)	[projstámenos]
superiores (m pl)	προϊστάμενοι (πλ.)	[projstámeni]
presidente (m)	πρόεδρος (αρ.)	[próeðros]
presidente (m) de direção	πρόεδρος (αρ.)	[próeðros]
substituto (m)	αναπληρωτής (αρ.)	[anaplirotís]
assistente (m)	βοηθός (αρ.)	[voiθós]

| secretário (m) | γραμματέας (αρ./θηλ.) | [yramatéas] |
| secretário (m) pessoal | προσωπικός γραμματέας (αρ.) | [prosopikós yramatéas] |

homem (m) de negócios	μπίζνεσμαν (αρ.)	[bíznezman]
empresário (m)	επιχειρηματίας (αρ.)	[epixirimatías]
fundador (m)	ιδρυτής (αρ.)	[iðritís]
fundar (vt)	ιδρύω	[iðrío]

fundador, sócio (m)	ιδρυτής (αρ.)	[iðritís]
parceiro, sócio (m)	συνέταιρος (αρ.)	[sinéteros]
acionista (m)	μέτοχος (αρ.)	[métoxos]

milionário (m)	εκατομμυριούχος (αρ.)	[ekatomiriúxos]
bilionário (m)	δισεκατομμυριούχος (αρ.)	[ðisekatomiriúxos]
proprietário (m)	ιδιοκτήτης (αρ.)	[iðioktítis]
proprietário (m) de terras	κτηματίας (αρ.)	[ktimatías]

cliente (m)	πελάτης (αρ.)	[pelʲátis]
cliente (m) habitual	τακτικός πελάτης (αρ.)	[taktikós pelʲátis]
comprador (m)	αγοραστής (αρ.)	[ayorastís]
visitante (m)	επισκέπτης (αρ.)	[episképtis]
profissional (m)	επαγγελματίας (αρ.)	[epangelʲmatías]
perito (m)	ειδήμονας (αρ.)	[iðímonas]
especialista (m)	ειδικός (αρ.)	[iðikós]

| banqueiro (m) | τραπεζίτης (αρ.) | [trapezítis] |
| corretor (m) | μεσίτης (αρ.) | [mesítis] |

caixa (m, f)	ταμίας (αρ./θηλ.)	[tamías]
contabilista (m)	λογιστής (αρ.)	[lʲojistís]
guarda (m)	φρουρός (αρ.)	[fílʲakas]

investidor (m)	επενδυτής (αρ.)	[epenðitís]
devedor (m)	χρεώστης (αρ.)	[xreóstis]
credor (m)	πιστωτής (αρ.)	[pistotís]
mutuário (m)	δανειολήπτης (αρ.)	[ðaniolíptis]

| importador (m) | εισαγωγέας (αρ.) | [isayojéas] |
| exportador (m) | εξαγωγέας (αρ.) | [eksayojéas] |

produtor (m)	παραγωγός (αρ.)	[parayoyós]
distribuidor (m)	διανομέας (αρ.)	[ðianoméas]
intermediário (m)	μεσολαβητής (αρ.)	[mesolʲavitís]

consultor (m)	σύμβουλος (αρ.)	[símvulʲos]
representante (m)	αντιπρόσωπος (αρ.)	[andiprósopos]
agente (m)	πράκτορας (αρ.)	[práktoras]
agente (m) de seguros	ασφαλιστής (αρ.)	[asfalistís]

87. Profissões de serviços

| cozinheiro (m) | μάγειρας (αρ.) | [májiras] |
| cozinheiro chefe (m) | σεφ (αρ./θηλ.) | [sef] |

padeiro (m)	φούρναρης (αρ.)	[fúrnaris]
barman (m)	μπάρμαν (αρ.)	[bárman]
empregado (m) de mesa	σερβιτόρος (αρ.)	[servitóros]
empregada (f) de mesa	σερβιτόρα (θηλ.)	[servitóra]

advogado (m)	δικηγόρος (αρ.)	[ðikiγóros]
jurista (m)	νομικός (αρ.)	[nomikós]
notário (m)	συμβολαιογράφος (αρ.)	[simvoleoγráfos]

eletricista (m)	ηλεκτρολόγος (αρ.)	[ilektrolʲóγos]
canalizador (m)	υδραυλικός (αρ.)	[iðravlikós]
carpinteiro (m)	μαραγκός (αρ.)	[marangós]

massagista (m)	μασέρ (αρ.)	[masér]
massagista (f)	μασέζ (θηλ.)	[maséz]
médico (m)	γιατρός (αρ.)	[jatrós]

taxista (m)	ταξιτζής (αρ.)	[taksidzís]
condutor (automobilista)	οδηγός (αρ.)	[oðiγós]
entregador (m)	κούριερ (αρ.)	[kúrier]

camareira (f)	καμαριέρα (θηλ.)	[kamariéra]
guarda (m)	φρουρός (αρ.)	[fílʲakas]
hospedeira (f) de bordo	αεροσυνοδός (θηλ.)	[aerosinoðós]

professor (m)	δάσκαλος (αρ.)	[ðáskalʲos]
bibliotecário (m)	βιβλιοθηκάριος (αρ.)	[vivlioθikários]
tradutor (m)	μεταφραστής (αρ.)	[metafrastís]
intérprete (m)	διερμηνέας (αρ.)	[ðierminéas]
guia (pessoa)	ξεναγός (αρ.)	[ksenaγós]

cabeleireiro (m)	κομμωτής (αρ.)	[komotís]
carteiro (m)	ταχυδρόμος (αρ.)	[taxiðrómos]
vendedor (m)	πωλητής (αρ.)	[politís]

jardineiro (m)	κηπουρός (αρ.)	[kipurós]
criado (m)	υπηρέτης (αρ.)	[ipirétis]
criada (f)	υπηρέτρια (θηλ.)	[ipirétria]
empregada (f) de limpeza	καθαρίστρια (θηλ.)	[kaθarístria]

88. Profissões militares e postos

soldado (m) raso	απλός στρατιώτης (αρ.)	[aplʲós stratiótis]
sargento (m)	λοχίας (αρ.)	[lʲoxías]
tenente (m)	υπολοχαγός (αρ.)	[ipolʲoxaγós]
capitão (m)	λοχαγός (αρ.)	[lʲoxaγós]

major (m)	ταγματάρχης (αρ.)	[taγmatárxis]
coronel (m)	συνταγματάρχης (αρ.)	[sindaγmatárxis]
general (m)	στρατηγός (αρ.)	[stratiγós]
marechal (m)	στρατάρχης (αρ.)	[stratárxis]
almirante (m)	ναύαρχος (αρ.)	[návarxos]
militar (m)	στρατιωτικός (αρ.)	[stratiotikós]
soldado (m)	στρατιώτης (αρ.)	[stratiótis]

oficial (m)	αξιωματικός (αρ.)	[aksiomatikós]
comandante (m)	διοικητής (αρ.)	[ðiikitís]

guarda (m) fronteiriço	φρουρός των συνόρων (αρ.)	[frurós ton sinóron]
operador (m) de rádio	χειριστής ασυρμάτου (αρ.)	[xiristís asirmátu]
explorador (m)	ανιχνευτής (αρ.)	[anixneftís]
sapador (m)	σκαπανέας (αρ.)	[skapanéas]
atirador (m)	σκοπευτής (αρ.)	[skopeftís]
navegador (m)	πλοηγός (αρ.)	[plʲoiγós]

89. Oficiais. Padres

rei (m)	βασιλιάς (αρ.)	[vasiliás]
rainha (f)	βασίλισσα (θηλ.)	[vasílisa]

príncipe (m)	πρίγκιπας (αρ.)	[príngipas]
princesa (f)	πριγκίπισσα (θηλ.)	[pringípisa]

czar (m)	τσάρος (αρ.)	[tsáros]
czarina (f)	τσαρίνα (θηλ.)	[tsarína]

presidente (m)	πρόεδρος (αρ.)	[próeðros]
ministro (m)	υπουργός (αρ.)	[ipurγós]
primeiro-ministro (m)	πρωθυπουργός (αρ.)	[proθipurγós]
senador (m)	γερουσιαστής (αρ.)	[ʝerusiastís]

diplomata (m)	διπλωμάτης (αρ.)	[ðiplʲomátis]
cônsul (m)	πρόξενος (αρ.)	[próksenos]
embaixador (m)	πρέσβης (αρ.)	[prézvis]
conselheiro (m)	σύμβουλος (αρ.)	[símvulʲos]

funcionário (m)	αξιωματούχος (αρ.)	[aksiomatúxos]
prefeito (m)	νομάρχης (αρ.)	[nomárxis]
Presidente (m) da Câmara	δήμαρχος (αρ.)	[ðímarxos]

juiz (m)	δικαστής (αρ.)	[ðikastís]
procurador (m)	εισαγγελέας (αρ.)	[isangeléas]

missionário (m)	ιεραπόστολος (αρ.)	[ierapóstolʲos]
monge (m)	καλόγερος (αρ.)	[kalʲóʝeros]
abade (m)	αβάς (αρ.)	[avás]
rabino (m)	ραβίνος (αρ.)	[ravínos]

vizir (m)	βεζίρης (αρ.)	[vezíris]
xá (m)	σάχης (αρ.)	[sáxis]
xeque (m)	σεΐχης (αρ.)	[séjxis]

90. Profissões agrícolas

apicultor (m)	μελισσοκόμος (αρ.)	[melisokómos]
pastor (m)	βοσκός (αρ.)	[voskós]
agrónomo (m)	αγρονόμος (αρ.)	[aγronómos]

criador (m) de gado	κτηνοτρόφος (αρ.)	[ktinotrófos]
veterinário (m)	κτηνίατρος (αρ.)	[ktiníatros]
agricultor (m)	αγρότης (αρ.)	[aɣrótis]
vinicultor (m)	οινοποιός (αρ.)	[inopiós]
zoólogo (m)	ζωολόγος (αρ.)	[zoolʲóɣos]
cowboy (m)	καουμπόης (αρ.)	[kaubóis]

91. Profissões artísticas

ator (m)	ηθοποιός (αρ.)	[iθopiós]
atriz (f)	ηθοποιός (θηλ.)	[iθopiós]
cantor (m)	τραγουδιστής (αρ.)	[traɣuðistís]
cantora (f)	τραγουδίστρια (θηλ.)	[traɣuðístria]
bailarino (m)	χορευτής (αρ.)	[xoreftís]
bailarina (f)	χορεύτρια (θηλ.)	[xoréftria]
artista (m)	καλλιτέχνης (αρ.)	[kalitéxnis]
artista (f)	καλλιτέχνης (θηλ.)	[kalitéxnis]
músico (m)	μουσικός (αρ.)	[musikós]
pianista (m)	πιανίστας (αρ.)	[pianístas]
guitarrista (m)	κιθαρίστας (αρ.)	[kiθarístas]
maestro (m)	μαέστρος (αρ.)	[maéstros]
compositor (m)	συνθέτης (αρ.)	[sinθétis]
empresário (m)	ιμπρεσάριος (αρ.)	[imbresários]
realizador (m)	σκηνοθέτης (αρ.)	[skinoθétis]
produtor (m)	παραγωγός (αρ.)	[paraɣoɣós]
argumentista (m)	σεναριογράφος (αρ.)	[senarioɣráfos]
crítico (m)	κριτικός (αρ.)	[kritikós]
escritor (m)	συγγραφέας (αρ.)	[singraféas]
poeta (m)	ποιητής (αρ.)	[piitís]
escultor (m)	γλύπτης (αρ.)	[ɣlíptis]
pintor (m)	ζωγράφος (αρ.)	[zoɣráfos]
malabarista (m)	ζογκλέρ (αρ.)	[zonglér]
palhaço (m)	κλόουν (αρ.)	[klʲóun]
acrobata (m)	ακροβάτης (αρ.)	[akrovátis]
mágico (m)	θαυματοποιός (αρ.)	[θavmatopiós]

92. Várias profissões

médico (m)	γιατρός (αρ.)	[jatrós]
enfermeira (f)	νοσοκόμα (θηλ.)	[nosokóma]
psiquiatra (m)	ψυχίατρος (αρ.)	[psixíatros]
estomatologista (m)	οδοντίατρος (αρ.)	[oðondíatros]
cirurgião (m)	χειρουργός (αρ.)	[xirurɣós]

astronauta (m)	αστροναύτης (αρ.)	[astronáftis]
astrónomo (m)	αστρονόμος (αρ.)	[astronómos]

motorista (m)	οδηγός (αρ.)	[oðiɣós]
maquinista (m)	οδηγός τρένου (αρ.)	[oðiɣós trénu]
mecânico (m)	μηχανικός (αρ.)	[mixanikós]

mineiro (m)	ανθρακωρύχος (αρ.)	[anθrakoríxos]
operário (m)	εργάτης (αρ.)	[erɣátis]
serralheiro (m)	κλειδαράς (αρ.)	[kliðarás]
marceneiro (m)	ξυλουργός (αρ.)	[ksiljurɣós]
torneiro (m)	τορναδόρος (αρ.)	[tornaðóros]
construtor (m)	οικοδόμος (αρ.)	[ikoðómos]
soldador (m)	ηλεκτροσυγκολλητής (αρ.)	[ilektrosingolitís]

professor (m) catedrático	καθηγητής (αρ.)	[kaθijitís]
arquiteto (m)	αρχιτέκτονας (αρ.)	[arxitéktonas]
historiador (m)	ιστορικός (αρ.)	[istorikós]
cientista (m)	επιστήμονας (αρ.)	[epistímonas]
físico (m)	φυσικός (αρ.)	[fisikós]
químico (m)	χημικός (αρ.)	[ximikós]

arqueólogo (m)	αρχαιολόγος (αρ.)	[arxeoljóɣos]
geólogo (m)	γεωλόγος (αρ.)	[ɟeoljóɣos]
pesquisador (cientista)	ερευνητής (αρ.)	[erevnitís]

babysitter (f)	νταντά (θηλ.)	[dadá]
professor (m)	παιδαγωγός (αρ.)	[peðaɣoɣós]

redator (m)	συντάκτης (αρ.)	[sindáktis]
redator-chefe (m)	αρχισυντάκτης (αρ.)	[arxisindáktis]
correspondente (m)	ανταποκριτής (αρ.)	[andapokritís]
datilógrafa (f)	δακτυλογράφος (θηλ.)	[ðaktiljoɣráfos]

designer (m)	σχεδιαστής (αρ.)	[sxeðiastís]
especialista (m) em informática	τεχνικός υπολογιστών (αρ.)	[texnikós ipoljoʝistón]
programador (m)	προγραμματιστής (αρ.)	[proɣramatistís]
engenheiro (m)	μηχανικός (αρ.)	[mixanikós]

marujo (m)	ναυτικός (αρ.)	[naftikós]
marinheiro (m)	ναύτης (αρ.)	[náftis]
salvador (m)	διασώστης (αρ.)	[ðiasóstis]

bombeiro (m)	πυροσβέστης (αρ.)	[pirozvéstis]
polícia (m)	αστυνομικός (αρ.)	[astinomikós]
guarda-noturno (m)	φύλακας (αρ.)	[fíljakas]
detetive (m)	ντετέκτιβ (αρ.)	[detéktiv]

funcionário (m) da alfândega	τελωνειακός (αρ.)	[teljoniakós]
guarda-costas (m)	σωματοφύλακας (αρ.)	[somatofíljakas]
guarda (m) prisional	δεσμοφύλακας (αρ.)	[ðezmofíljakas]
inspetor (m)	παρατηρητής (αρ.)	[paratiritís]

desportista (m)	αθλητής (αρ.)	[aθlitís]
treinador (m)	προπονητής (αρ.)	[proponitís]

talhante (m)	κρεοπώλης (αρ.)	[kreopólis]
sapateiro (m)	τσαγκάρης (αρ.)	[tsangáris]
comerciante (m)	επιχειρηματίας (αρ.)	[epixirimatías]
carregador (m)	φορτωτής (αρ.)	[fortotís]
estilista (m)	σχεδιαστής (αρ.)	[sxeðiastís]
modelo (f)	μοντέλο (ουδ.)	[modélʲo]

93. Ocupações. Estatuto social

| aluno, escolar (m) | μαθητής (αρ.) | [maθitís] |
| estudante (~ universitária) | φοιτητής (αρ.) | [fititís] |

filósofo (m)	φιλόσοφος (αρ.)	[filʲósofos]
economista (m)	οικονομολόγος (αρ.)	[ikonomolʲóγos]
inventor (m)	εφευρέτης (αρ.)	[efevrétis]

desempregado (m)	άνεργος (αρ.)	[áneryos]
reformado (m)	συνταξιούχος (αρ.)	[sindaksiúxos]
espião (m)	κατάσκοπος (αρ.)	[katáskopos]

preso (m)	φυλακισμένος (αρ.)	[filʲakizménos]
grevista (m)	απεργός (αρ.)	[aperγós]
burocrata (m)	γραφειοκράτης (αρ.)	[γrafiokrátis]
viajante (m)	ταξιδιώτης (αρ.)	[taksiðiótis]

| homossexual (m) | γκέι, ομοφυλόφιλος (αρ.) | [géi], [omofilʲófilʲos] |
| hacker (m) | χάκερ (αρ.) | [xáker] |

bandido (m)	συμμορίτης (αρ.)	[simorítis]
assassino (m) a soldo	πληρωμένος δολοφόνος (αρ.)	[pliroménos ðolʲofónos]
toxicodependente (m)	ναρκομανής (αρ.)	[narkomanís]
traficante (m)	έμπορος ναρκωτικών (αρ.)	[émboros narkotikón]
prostituta (f)	πόρνη (θηλ.)	[pórni]
chulo (m)	νταβατζής (αρ.)	[davadzís]

bruxo (m)	μάγος (αρ.)	[máγos]
bruxa (f)	μάγισσα (θηλ.)	[májisa]
pirata (m)	πειρατής (αρ.)	[piratís]
escravo (m)	δούλος (αρ.)	[ðúlʲos]
samurai (m)	σαμουράι (αρ.)	[samurái]
selvagem (m)	άγριος (αρ.)	[áγrios]

Educação

94. Escola

escola (f)	σχολείο (ουδ.)	[sxolío]
diretor (m) de escola	διευθυντής (αρ.)	[ðiefθindís]

aluno (m)	μαθητής (αρ.)	[maθitís]
aluna (f)	μαθήτρια (θηλ.)	[maθítria]
escolar (m)	μαθητής (αρ.)	[maθitís]
escolar (f)	μαθήτρια (θηλ.)	[maθítria]

ensinar (vt)	διδάσκω	[ðiðásko]
aprender (vt)	μαθαίνω	[maθéno]
aprender de cor	μαθαίνω απ'έξω	[maθéno apékso]

estudar (vi)	μαθαίνω	[maθéno]
andar na escola	πηγαίνω σχολείο	[pijéno sxolío]
ir à escola	πηγαίνω σχολείο	[pijéno sxolío]

alfabeto (m)	αλφάβητος (θηλ.)	[alʲfávitos]
disciplina (f)	μάθημα (ουδ.)	[máθima]

sala (f) de aula	τάξη (θηλ.)	[táksi]
lição (f)	μάθημα (ουδ.)	[máθima]
recreio (m)	διάλειμμα (ουδ.)	[ðiálima]

toque (m)	κουδούνι (ουδ.)	[kuðúni]
carteira (f)	θρανίο (ουδ.)	[θranío]
quadro (m) negro	πίνακας (αρ.)	[pínakas]

nota (f)	βαθμός (αρ.)	[vaθmós]
boa nota (f)	καλός βαθμός (αρ.)	[kalʲós vaθmós]
nota (f) baixa	κακός βαθμός (αρ.)	[kakós vaθmós]
dar uma nota	βάζω βαθμό	[vázo vaθmó]

erro (m)	λάθος (ουδ.)	[lʲáθos]
fazer erros	κάνω λάθη	[káno lʲáθi]
corrigir (vt)	διορθώνω	[ðiorθóno]
cábula (f)	σκονάκι (ουδ.)	[skonáki]

dever (m) de casa	εργασία για το σπίτι (θηλ.)	[erɣasía ja to spíti]
exercício (m)	άσκηση (θηλ.)	[áskisi]

estar presente	είμαι παρών	[íme parón]
estar ausente	απουσιάζω	[apusiázo]

punir (vt)	τιμωρώ	[timoró]
punição (f)	τιμωρία (θηλ.)	[timoría]
comportamento (m)	συμπεριφορά (θηλ.)	[simberiforá]

boletim (m) escolar	έλεγχος (αρ.)	[élenxos]
lápis (m)	μολύβι (ουδ.)	[molívi]
borracha (f)	γόμα (θηλ.)	[γóma]
giz (m)	κιμωλία (θηλ.)	[kimolía]
estojo (m)	κασετίνα (θηλ.)	[kasetína]
pasta (f) escolar	σχολική τσάντα (θηλ.)	[sxolikí tsánda]
caneta (f)	στιλό (ουδ.)	[stiló]
caderno (m)	τετράδιο (ουδ.)	[tetrádio]
manual (m) escolar	σχολικό βιβλίο (ουδ.)	[sxolikó vivlío]
compasso (m)	διαβήτης (αρ.)	[ðiavítis]
traçar (vt)	σχεδιάζω	[sxeðiázo]
desenho (m) técnico	σχέδιο (ουδ.)	[sxéðio]
poesia (f)	ποίημα (ουδ.)	[píima]
de cor	απ'έξω	[apékso]
aprender de cor	μαθαίνω απ'έξω	[maθéno apékso]
férias (f pl)	διακοπές (θηλ.πλ.)	[ðiakopés]
estar de férias	κάνω διακοπές	[káno ðiakopés]
teste (m)	τεστ, διαγώνισμα (ουδ.)	[test], [ðiaγónizma]
composição, redação (f)	έκθεση (θηλ.)	[ékθesi]
ditado (m)	υπαγόρευση (θηλ.)	[ipaγórefsi]
exame (m)	εξετάσεις (θηλ.πλ.)	[eksetásis]
fazer exame	δίνω εξετάσεις	[ðíno eksetásis]
experiência (~ química)	πείραμα (ουδ.)	[pírama]

95. Colégio. Universidade

academia (f)	ακαδημία (θηλ.)	[akaðimía]
universidade (f)	πανεπιστήμιο (ουδ.)	[panepistímio]
faculdade (f)	σχολή (θηλ.)	[sxolí]
estudante (m)	φοιτητής (αρ.)	[fititís]
estudante (f)	φοιτήτρια (θηλ.)	[fitítria]
professor (m)	καθηγητής (αρ.)	[kaθijitís]
sala (f) de palestras	αίθουσα διαλέξεων (θηλ.)	[éθusa ðialékseon]
graduado (m)	απόφοιτος (αρ.)	[apófitos]
diploma (m)	πτυχίο (ουδ.)	[ptixío]
tese (f)	διατριβή (θηλ.)	[ðiatriví]
estudo (obra)	έρευνα (θηλ.)	[érevna]
laboratório (m)	εργαστήριο (ουδ.)	[erγastírio]
palestra (f)	διάλεξη (θηλ.)	[ðiáleksi]
colega (m) de curso	συμφοιτητής (αρ.)	[simfititís]
bolsa (f) de estudos	υποτροφία (θηλ.)	[ipotrofía]
grau (m) académico	ακαδημαϊκό πτυχίο (ουδ.)	[akaðimaikó ptixío]

96. Ciências. Disciplinas

matemática (f)	μαθηματικά (ουδ.πλ.)	[maθimatiká]
álgebra (f)	άλγεβρα (θηλ.)	[áljevra]
geometria (f)	γεωμετρία (θηλ.)	[jeometría]

astronomia (f)	αστρονομία (θηλ.)	[astronomía]
biologia (f)	βιολογία (θηλ.)	[violojía]
geografia (f)	γεωγραφία (θηλ.)	[jeoɣrafía]
geologia (f)	γεωλογία (θηλ.)	[jeolojía]
história (f)	ιστορία (θηλ.)	[istoría]

medicina (f)	ιατρική (θηλ.)	[jatrikí]
pedagogia (f)	παιδαγωγική (θηλ.)	[peðaɣojikí]
direito (m)	δίκαιο (ουδ.)	[ðíkeo]

física (f)	φυσική (θηλ.)	[fisikí]
química (f)	χημεία (θηλ.)	[ximía]
filosofia (f)	φιλοσοφία (θηλ.)	[filosofía]
psicologia (f)	ψυχολογία (θηλ.)	[psixolojía]

97. Sistema de escrita. Ortografia

gramática (f)	γραμματική (θηλ.)	[ɣramatikí]
vocabulário (m)	λεξιλόγιο (ουδ.)	[leksilójo]
fonética (f)	φωνητική (θηλ.)	[fonitikí]

substantivo (m)	ουσιαστικό (ουδ.)	[usiastikó]
adjetivo (m)	επίθετο (ουδ.)	[epíθeto]
verbo (m)	ρήμα (ουδ.)	[ríma]
advérbio (m)	επίρρημα (ουδ.)	[epírima]

pronome (m)	αντωνυμία (θηλ.)	[andonimía]
interjeição (f)	επιφώνημα (ουδ.)	[epifónima]
preposição (f)	πρόθεση (θηλ.)	[próθesi]

raiz (f) da palavra	ρίζα (θηλ.)	[ríza]
terminação (f)	κατάληξη (θηλ.)	[katáliksi]
prefixo (m)	πρόθεμα (ουδ.)	[próθema]
sílaba (f)	συλλαβή (θηλ.)	[silaví]
sufixo (m)	επίθημα (ουδ.)	[epíθima]

| acento (m) | τόνος (αρ.) | [tónos] |
| apóstrofo (m) | απόστροφος (θηλ.) | [apóstrofos] |

ponto (m)	τελεία (θηλ.)	[telía]
vírgula (f)	κόμμα (ουδ.)	[kóma]
ponto e vírgula (m)	άνω τελεία (θηλ.)	[áno telía]
dois pontos (m pl)	διπλή τελεία (θηλ.)	[ðiplí telía]
reticências (f pl)	αποσιωπητικά (ουδ.πλ.)	[aposiopitiká]

| ponto (m) de interrogação | ερωτηματικό (ουδ.) | [erotimatikó] |
| ponto (m) de exclamação | θαυμαστικό (ουδ.) | [θavmastikó] |

aspas (f pl)	εισαγωγικά (ουδ.πλ.)	[isaɣojiká]
entre aspas	σε εισαγωγικά	[se isaɣojiká]
parênteses (m pl)	παρένθεση (θηλ.)	[parénθesi]
entre parênteses	σε παρένθεση	[se parénθesi]

hífen (m)	ενωτικό (ουδ.)	[enotikó]
travessão (m)	παύλα (θηλ.)	[pávlʲa]
espaço (m)	κενό (ουδ.)	[kenó]

| letra (f) | γράμμα (ουδ.) | [ɣráma] |
| letra (f) maiúscula | κεφαλαίο γράμμα (ουδ.) | [kefaléo ɣráma] |

| vogal (f) | φωνήεν (ουδ.) | [foníen] |
| consoante (f) | σύμφωνο (ουδ.) | [símfono] |

frase (f)	πρόταση (θηλ.)	[prótasi]
sujeito (m)	υποκείμενο (ουδ.)	[ipokímeno]
predicado (m)	κατηγορούμενο (ουδ.)	[katiɣorúmeno]

linha (f)	γραμμή (θηλ.)	[ɣramí]
em uma nova linha	σε καινούργια γραμμή	[se kenúrjia ɣramí]
parágrafo (m)	παράγραφος (θηλ.)	[paráɣrafos]

palavra (f)	λέξη (θηλ.)	[léksi]
grupo (m) de palavras	ομάδα λέξεων (θηλ.)	[omáða lékseon]
expressão (f)	έκφραση (θηλ.)	[ékfrasi]
sinónimo (m)	συνώνυμο (ουδ.)	[sinónimo]
antónimo (m)	αντώνυμο (ουδ.)	[andónimo]

regra (f)	κανόνας (αρ.)	[kanónas]
exceção (f)	εξαίρεση (θηλ.)	[ekséresi]
correto	σωστός	[sostós]

conjugação (f)	κλίση ρήματος (θηλ.)	[klísi rímatos]
declinação (f)	κλίση (θηλ.)	[klísi]
caso (m)	πτώση (θηλ.)	[ptósi]
pergunta (f)	ερώτημα (ουδ.)	[erótima]
sublinhar (vt)	υπογραμμίζω	[ipoɣramízo]
linha (f) pontilhada	διακεκομμένη γραμμή (θηλ.)	[ðiakekoméni ɣramí]

98. Línguas estrangeiras

língua (f)	γλώσσα (θηλ.)	[ɣlʲósa]
língua (f) estrangeira	ξένη γλώσσα (θηλ.)	[kséni ɣlósa]
estudar (vt)	μελετάω	[meletáo]
aprender (vt)	μαθαίνω	[maθéno]

ler (vt)	διαβάζω	[ðiavázo]
falar (vi)	μιλάω	[milʲáo]
compreender (vt)	καταλαβαίνω	[katalʲavéno]
escrever (vt)	γράφω	[ɣráfo]

| rapidamente | γρήγορα | [ɣríɣora] |
| devagar | αργά | [arɣá] |

fluentemente	ευφράδεια	[effráðia]
regras (f pl)	κανόνες (αρ.πλ.)	[kanónes]
gramática (f)	γραμματική (θηλ.)	[ɣramatikí]
vocabulário (m)	λεξιλόγιο (ουδ.)	[leksilʲójo]
fonética (f)	φωνητική (θηλ.)	[fonitikí]
manual (m) escolar	σχολικό βιβλίο (ουδ.)	[sxolikó vivlío]
dicionário (m)	λεξικό (ουδ.)	[leksikó]
manual (m) de autoaprendizagem	εγχειρίδιο αυτοδιδασκαλίας (ουδ.)	[enxiríðio aftoðiðaskalías]
guia (m) de conversação	βιβλίο φράσεων (ουδ.)	[vivlío fráseon]
cassete (f)	κασέτα (θηλ.)	[kaséta]
vídeo cassete (m)	βιντεοκασέτα (θηλ.)	[videokaséta]
CD (m)	συμπαγής δίσκος (αρ.)	[simpajís ðískos]
DVD (m)	DVD (ουδ.)	[dividí]
alfabeto (m)	αλφάβητος (θηλ.)	[alʲfávitos]
pronúncia (f)	προφορά (θηλ.)	[proforá]
sotaque (m)	προφορά (θηλ.)	[proforá]
com sotaque	με προφορά	[me proforá]
sem sotaque	χωρίς προφορά	[xorís proforá]
palavra (f)	λέξη (θηλ.)	[léksi]
sentido (m)	σημασία (θηλ.)	[simasía]
cursos (m pl)	μαθήματα (ουδ.πλ.)	[maθímata]
inscrever-se (vr)	γράφομαι	[ɣráfome]
professor (m)	καθηγητής (αρ.)	[kaθijitís]
tradução (processo)	μετάφραση (θηλ.)	[metáfrasi]
tradução (texto)	μετάφραση (θηλ.)	[metáfrasi]
tradutor (m)	μεταφραστής (αρ.)	[metafrastís]
intérprete (m)	διερμηνέας (αρ.)	[ðierminéas]
poliglota (m)	πολύγλωσσος (αρ.)	[políɣlʲosos]
memória (f)	μνήμη (θηλ.)	[mnímì]

Descanso. Entretenimento. Viagens

99. Viagens

turismo (m)	τουρισμός (αρ.)	[turizmós]
turista (m)	τουρίστας (αρ.)	[turístas]
viagem (f)	ταξίδι (ουδ.)	[taksíði]
aventura (f)	περιπέτεια (θηλ.)	[peripétia]
viagem (f)	ταξίδι (ουδ.)	[taksíði]

férias (f pl)	διακοπές (θηλ.πλ.)	[ðiakopés]
estar de férias	είμαι σε διακοπές	[íme se ðiakopés]
descanso (m)	διακοπές (πλ.)	[ðiakopés]

comboio (m)	τραίνο, τρένο (ουδ.)	[tréno]
de comboio (chegar ~)	με τρένο	[me tréno]
avião (m)	αεροπλάνο (ουδ.)	[aeropl'áno]
de avião	με αεροπλάνο	[me aeropl'áno]
de carro	με αυτοκίνητο	[me aftokínito]
de navio	με καράβι	[me karávi]

bagagem (f)	αποσκευές (θηλ.πλ.)	[aposkevés]
mala (f)	βαλίτσα (θηλ.)	[valítsa]
carrinho (m)	καρότσι αποσκευών (ουδ.)	[karótsi aposkevón]

passaporte (m)	διαβατήριο (ουδ.)	[ðiavatírio]
visto (m)	βίζα (θηλ.)	[víza]
bilhete (m)	εισιτήριο (ουδ.)	[isitírio]
bilhete (m) de avião	αεροπορικό εισιτήριο (ουδ.)	[aeroporikó isitírio]

guia (m) de viagem	ταξιδιωτικός οδηγός (αρ.)	[taksiðiotikós oðiγós]
mapa (m)	χάρτης (αρ.)	[xártis]
local (m), area (f)	περιοχή (θηλ.)	[perioxí]
lugar, sítio (m)	τόπος (αρ.)	[tópos]

exotismo (m)	εξωτικά πράγματα (ουδ.πλ.)	[eksotiká práγmata]
exótico	εξωτικός	[eksotikós]
surpreendente	καταπληκτικός	[katapliktikós]

grupo (m)	ομάδα (θηλ.)	[omáða]
excursão (f)	εκδρομή (θηλ.)	[ekðromí]
guia (m)	ξεναγός (αρ.)	[ksenaγós]

100. Hotel

hotel (m)	ξενοδοχείο (ουδ.)	[ksenoðoxío]
motel (m)	μοτέλ (ουδ.)	[motél']
três estrelas	τριών αστέρων	[trión astéron]

cinco estrelas	πέντε αστέρων	[pénde astéron]
ficar (~ num hotel)	μένω	[méno]
quarto (m)	δωμάτιο (ουδ.)	[ðomátio]
quarto (m) individual	μονόκλινο δωμάτιο (ουδ.)	[monóklino ðomátio]
quarto (m) duplo	δίκλινο δωμάτιο (ουδ.)	[ðíklino ðomátio]
reservar um quarto	κλείνω δωμάτιο	[klíno ðomátio]
meia pensão (f)	ημιδιατροφή (θηλ.)	[imiðiatrofí]
pensão (f) completa	πλήρης διατροφή (θηλ.)	[plíris ðiatrofí]
com banheira	με μπανιέρα	[me baniéra]
com duche	με ντουζ	[me dúz]
televisão (m) satélite	δορυφορική τηλεόραση (θηλ.)	[ðoriforikí tileórasi]
ar (m) condicionado	κλιματιστικό (ουδ.)	[klimatistikó]
toalha (f)	πετσέτα (θηλ.)	[petséta]
chave (f)	κλειδί (ουδ.)	[kliðí]
administrador (m)	υπεύθυνος (αρ.)	[ipéfθinos]
camareira (f)	καμαριέρα (θηλ.)	[kamariéra]
bagageiro (m)	αχθοφόρος (αρ.)	[axθofóros]
porteiro (m)	πορτιέρης (αρ.)	[portiéris]
restaurante (m)	εστιατόριο (ουδ.)	[estiatório]
bar (m)	μπαρ (ουδ.), μπυραρία (θηλ.)	[bar], [biraría]
pequeno-almoço (m)	πρωινό (ουδ.)	[proinó]
jantar (m)	δείπνο (ουδ.)	[ðípno]
buffet (m)	μπουφές (αρ.)	[bufés]
hall (m) de entrada	φουαγιέ (ουδ.)	[fuajé]
elevador (m)	ασανσέρ (ουδ.)	[asansér]
NÃO PERTURBE	ΜΗΝ ΕΝΟΧΛΕΙΤΕ!	[min enoxlíte]
PROIBIDO FUMAR!	ΑΠΑΓΟΡΕΥΕΤΑΙ ΤΟ ΚΑΠΝΙΣΜΑ	[apaγorévete to kápnizma]

EQUIPAMENTO TÉCNICO. TRANSPORTES

Equipamento técnico. Transportes

101. Computador

computador (m)	υπολογιστής (αρ.)	[ipolʲojistís]
portátil (m)	φορητός υπολογιστής (αρ.)	[foritós ipolʲojistís]
ligar (vt)	ανοίγω	[aníγo]
desligar (vt)	κλείνω	[klíno]
teclado (m)	πληκτρολόγιο (ουδ.)	[pliktrolʲójo]
tecla (f)	πλήκτρο (ουδ.)	[plíktro]
rato (m)	ποντίκι (ουδ.)	[pondíki]
tapete (m) de rato	μάους παντ (ουδ.)	[máus pad]
botão (m)	κουμπί (ουδ.)	[kumbí]
cursor (m)	κέρσορας (αρ.)	[kérsoras]
monitor (m)	οθόνη (θηλ.)	[oθóni]
ecrã (m)	οθόνη (θηλ.)	[oθóni]
disco (m) rígido	σκληρός δίσκος (αρ.)	[sklirós δískos]
capacidade (f) do disco rígido	χωρητικότητα σκληρού δίσκου (θηλ.)	[xoritikótita sklirú δísku]
memória (f)	μνήμη (θηλ.)	[mními]
memória RAM (f)	μνήμη RAM (θηλ.)	[mními ram]
ficheiro (m)	αρχείο (ουδ.)	[arxío]
pasta (f)	φάκελος (αρ.)	[fákelʲos]
abrir (vt)	ανοίγω	[aníγo]
fechar (vt)	κλείνω	[klíno]
guardar (vt)	αποθηκεύω	[apoθikévo]
apagar, eliminar (vt)	διαγράφω	[δiaγráfo]
copiar (vt)	αντιγράφω	[andiγráfo]
ordenar (vt)	ταξινομώ	[taksinomó]
copiar (vt)	μεταφέρω	[metaféro]
programa (m)	πρόγραμμα (ουδ.)	[próγrama]
software (m)	λογισμικό (ουδ.)	[lʲojizmikó]
programador (m)	προγραμματιστής (αρ.)	[proγramatistís]
programar (vt)	προγραμματίζω	[proγramatízo]
hacker (m)	χάκερ (αρ.)	[xáker]
senha (f)	κωδικός (αρ.)	[koδikós]
vírus (m)	ιός (αρ.)	[jos]
detetar (vt)	ανιχνεύω	[anixnévo]

| byte (m) | μπάιτ (ουδ.) | [bájt] |
| megabyte (m) | μεγαμπάιτ (ουδ.) | [meγabájt] |

| dados (m pl) | δεδομένα (ουδ.πλ.) | [ðeðoména] |
| base (f) de dados | βάση δεδομένων (θηλ.) | [vási ðeðoménon] |

cabo (m)	καλώδιο (ουδ.)	[kalʲóðio]
desconectar (vt)	αποσυνδέω	[aposinðéo]
conetar (vt)	συνδέω	[sinðéo]

102. Internet. E-mail

internet (f)	διαδίκτυο (ουδ.)	[ðiaðíktio]
browser (m)	browser (αρ.)	[bráuzer]
motor (m) de busca	μηχανή αναζήτησης (θηλ.)	[mixaní anazítisis]
provedor (m)	πάροχος (αρ.)	[pároxos]

| website, sítio web (m) | ιστοσελίδα (θηλ.) | [istoselíða] |
| página (f) web | ιστοσελίδα (θηλ.) | [istoselíða] |

| endereço (m) | διεύθυνση (θηλ.) | [ðiéfθinsi] |
| livro (m) de endereços | βιβλίο διευθύνσεων (ουδ.) | [vivlío ðiefθínseon] |

| caixa (f) de correio | εισερχόμενα (ουδ.) | [iserxómena] |
| correio (m) | ταχυδρομείο (ουδ.) | [taxiðromío] |

mensagem (f)	μήνυμα (ουδ.)	[mínima]
remetente (m)	αποστολέας (αρ.)	[apostoléas]
enviar (vt)	στέλνω	[stélʲno]
envio (m)	αποστολή (θηλ.)	[apostolí]

| destinatário (m) | παραλήπτης (αρ.) | [paralíptis] |
| receber (vt) | λαμβάνω | [lʲamváno] |

| correspondência (f) | αλληλογραφία (θηλ.) | [alilʲoγrafía] |
| corresponder-se (vr) | αλληλογραφώ | [alilʲoγrafó] |

ficheiro (m)	αρχείο (ουδ.)	[arxío]
fazer download, baixar	κατεβάζω	[katevázo]
criar (vt)	δημιουργώ	[ðimiurγó]
apagar, eliminar (vt)	διαγράφω	[ðiaγráfo]
eliminado	διεγραμμένος	[ðieγraménos]

conexão (f)	σύνδεση (θηλ.)	[sínðesi]
velocidade (f)	ταχύτητα (θηλ.)	[taxítita]
modem (m)	μόντεμ (ουδ.)	[módem]
acesso (m)	πρόσβαση (θηλ.)	[prózvasi]
porta (f)	θύρα (θηλ.)	[θíra]

| conexão (f) | σύνδεση (θηλ.) | [sínðesi] |
| conetar (vi) | συνδέομαι | [sinðéome] |

| escolher (vt) | επιλέγω | [epiléγo] |
| buscar (vt) | ψάχνω | [psáxno] |

103. Eletricidade

eletricidade (f)	ηλεκτρισμός (αρ.)	[ilektrizmós]
elétrico	ηλεκτρικός	[ilektrikós]
central (f) elétrica	ηλεκτροπαραγωγικός σταθμός (αρ.)	[ilektroparaɣojikós staθmós]
energia (f)	ενέργεια (θηλ.)	[enérjia]
energia (f) elétrica	ηλεκτρική ενέργεια (θηλ.)	[ilektrikí enérjia]
lâmpada (f)	λάμπα (θηλ.)	[lʲámba]
lanterna (f)	φακός (αρ.)	[fakós]
poste (m) de iluminação	στύλος φωτισμού (αρ.)	[stílʲos fotizmú]
luz (f)	φως (ουδ.)	[fos]
ligar (vt)	ανοίγω, ανάβω	[aníɣo], [anávo]
desligar (vt)	κλείνω	[klíno]
apagar a luz	σβήνω το φως	[svíno to fos]
fundir (vi)	καίγομαι	[kéɣome]
curto-circuito (m)	βραχυκύκλωμα (ουδ.)	[vraxikíklʲoma]
rutura (f)	σπασμένο καλώδιο (ουδ.)	[spazméno kalóðio]
contacto (m)	επαφή (θηλ.)	[epafí]
interruptor (m)	διακόπτης (αρ.)	[ðiakóptis]
tomada (f)	πρίζα (θηλ.)	[príza]
ficha (f)	φις (ουδ.)	[fis]
extensão (f)	μπαλαντέζα (θηλ.)	[balʲadéza]
fusível (m)	ασφάλεια (θηλ.)	[asfália]
fio, cabo (m)	καλώδιο (ουδ.)	[kalʲóðio]
instalação (f) elétrica	καλωδίωση (θηλ.)	[kalʲoðíosi]
ampere (m)	αμπέρ (ουδ.)	[ambér]
amperagem (f)	ένταση ρεύματος (θηλ.)	[éndasi révmatos]
volt (m)	βολτ (ουδ.)	[volʲt]
voltagem (f)	τάση (θηλ.)	[tási]
aparelho (m) elétrico	ηλεκτρική συσκευή (θηλ.)	[ilektrikí siskevi]
indicador (m)	δείχτης (αρ.)	[ðíxtis]
eletricista (m)	ηλεκτρολόγος (αρ.)	[ilektrolʲóɣos]
soldar (vt)	συγκολλώ	[singolʲó]
ferro (m) de soldar	κολλητήρι (ουδ.)	[kolitíri]
corrente (f) elétrica	ρεύμα (ουδ.)	[révma]

104. Ferramentas

ferramenta (f)	εργαλείο (ουδ.)	[erɣalío]
ferramentas (f pl)	εργαλεία (ουδ.πλ.)	[erɣalía]
equipamento (m)	εξοπλισμός (αρ.)	[eksoplizmós]
martelo (m)	σφυρί (ουδ.)	[sfirí]
chave (f) de fendas	κατσαβίδι (ουδ.)	[katsavíði]

machado (m)	τσεκούρι (ουδ.)	[tsekúri]
serra (f)	πριόνι (ουδ.)	[prióni]
serrar (vt)	πριονίζω	[prionízo]
plaina (f)	πλάνη (θηλ.)	[pl'áni]
aplainar (vt)	πλανίζω	[pl'anízo]
ferro (m) de soldar	κολλητήρι (ουδ.)	[kolitíri]
soldar (vt)	συγκολλώ	[singol'ó]

lima (f)	λίμα (θηλ.)	[líma]
tenaz (f)	τανάλια (θηλ.)	[tanália]
alicate (m)	πένσα (θηλ.)	[pénsa]
formão (m)	σκαρπέλο (ουδ.)	[skarpél'o]

broca (f)	τρυπάνι (ουδ.)	[tripáni]
berbequim (f)	τρυπάνι, δράπανο (ουδ.)	[tripáni], [ðrápano]
furar (vt)	τρυπώ	[tripó]

faca (f)	μαχαίρι (ουδ.)	[maxéri]
lâmina (f)	λάμα (θηλ.)	[l'áma]

afiado	κοφτερός	[kofterós]
cego	αμβλύς	[amvlís]
embotar-se (vr)	αμβλύνομαι	[amvlínome]
afiar, amolar (vt)	ακονίζω	[akonízo]

parafuso (m)	μπουλόνι (ουδ.)	[bul'óni]
porca (f)	περικόχλιο (ουδ.)	[perikóxlio]
rosca (f)	σπείρωμα (ουδ.)	[spíroma]
parafuso (m) para madeira	βίδα (θηλ.)	[víða]

prego (m)	καρφί (ουδ.)	[karfí]
cabeça (f) do prego	κεφάλι (ουδ.)	[kefáli]

régua (f)	χάρακας (αρ.)	[xárakas]
fita (f) métrica	μετροταινία (θηλ.)	[metrotenía]
lupa (f)	μεγεθυντικός φακός (αρ.)	[mejeθindikós fakós]

medidor (m)	όργανο μέτρησης (ουδ.)	[óryano métrisis]
medir (vt)	μετράω	[metráo]
escala (f)	κλίμακα (θηλ.)	[klímaka]
indicação (f), registo (m)	ενδείξεις (θηλ.πλ.)	[enðíksis]

compressor (m)	συμπιεστής (αρ.)	[simbiestís]
microscópio (m)	μικροσκόπιο (ουδ.)	[mikroskópio]

bomba (f)	αντλία (θηλ.)	[andlía]
robô (m)	ρομπότ (ουδ.)	[robót]
laser (m)	λέιζερ (ουδ.)	[léjzer]

chave (f) de boca	γαλλικό κλειδί (ουδ.)	[yalikó kliðí]
fita (f) adesiva	κολλητική ταινία (θηλ.)	[kolitikí tenía]
cola (f)	κόλλα (θηλ.)	[kól'a]

lixa (f)	γυαλόχαρτο (ουδ.)	[jalóxarto]
mola (f)	ελατήριο (ουδ.)	[el'atírio]
íman (m)	μαγνήτης (αρ.)	[maɣnítis]

luvas (f pl)	γάντια (ουδ.πλ.)	[γándia]
corda (f)	σχοινί, σκοινί (ουδ.)	[sxiní], [skiní]
cordel (m)	κορδόνι (ουδ.)	[korðóni]
fio (m)	καλώδιο (ουδ.)	[kalʲóðio]
cabo (m)	καλώδιο (ουδ.)	[kalʲóðio]
marreta (f)	βαριοπούλα (θηλ.)	[variopúlʲa]
pé de cabra (m)	λοστός (αρ.)	[lʲostós]
escada (f) de mão	φορητή σκάλα (θηλ.)	[forití skálʲa]
escadote (m)	φορητή σκάλα (θηλ.)	[forití skálʲa]
enroscar (vt)	βιδώνω	[viðóno]
desenroscar (vt)	ξεβιδώνω	[kseviðóno]
apertar (vt)	σφίγγω	[sfíngo]
colar (vt)	κολλάω	[kolʲáo]
cortar (vt)	κόβω	[kóvo]
falha (mau funcionamento)	βλάβη (θηλ.)	[vlʲávi]
conserto (m)	επισκευή (θηλ.)	[episkeví]
consertar, reparar (vt)	επισκευάζω	[episkevázo]
regular, ajustar (vt)	ρυθμίζω	[riθmízo]
verificar (vt)	ελέγχω	[elénxo]
verificação (f)	έλεγχος (αρ.)	[élenxos]
indicação (f), registo (m)	ενδείξεις (θηλ.πλ.)	[enðíksis]
seguro	αξιόπιστος	[aksiópistos]
complicado	περίπλοκος	[períplʲokos]
enferrujar (vi)	σκουριάζω	[skuriázo]
enferrujado	σκουριασμένος	[skuriazménos]
ferrugem (f)	σκουριά (θηλ.)	[skuriá]

Transportes

105. Avião

avião (m)	αεροπλάνο (ουδ.)	[aeropl'áno]
bilhete (m) de avião	αεροπορικό εισιτήριο (ουδ.)	[aeroporikó isitírio]
companhia (f) aérea	αεροπορική εταιρεία (θηλ.)	[aeroporikí etería]
aeroporto (m)	αεροδρόμιο (ουδ.)	[aeroðrómio]
supersónico	υπερηχητικός	[iperixitikós]
comandante (m) do avião	κυβερνήτης (αρ.)	[kivernítis]
tripulação (f)	πλήρωμα (ουδ.)	[plíroma]
piloto (m)	πιλότος (αρ.)	[pil'ótos]
hospedeira (f) de bordo	αεροσυνοδός (θηλ.)	[aerosinoðós]
copiloto (m)	πλοηγός (αρ.)	[pl'oiɣós]
asas (f pl)	φτερά (ουδ.πλ.)	[fterá]
cauda (f)	ουρά (θηλ.)	[urá]
cabine (f) de pilotagem	πιλοτήριο (ουδ.)	[pil'otírio]
motor (m)	κινητήρας (αρ.)	[kinitíras]
trem (m) de aterragem	σύστημα προσγείωσης (ουδ.)	[sístima prosjíosis]
turbina (f)	στρόβιλος (αρ.)	[stróvil'os]
hélice (f)	έλικας (αρ.)	[élikas]
caixa-preta (f)	μαύρο κουτί (ουδ.)	[mávro kutí]
coluna (f) de controlo	πηδάλιο (ουδ.)	[piðálio]
combustível (m)	καύσιμο (ουδ.)	[káfsimo]
instruções (f pl) de segurança	οδηγίες ασφαλείας (θηλ.πλ.)	[oðijíes asfalías]
máscara (f) de oxigénio	μάσκα οξυγόνου (θηλ.)	[máska oksiɣónu]
uniforme (m)	στολή (θηλ.)	[stolí]
colete (m) salva-vidas	σωσίβιο γιλέκο (ουδ.)	[sosívio jiléko]
paraquedas (m)	αλεξίπτωτο (ουδ.)	[aleksíptoto]
descolagem (f)	απογείωση (θηλ.)	[apojíosi]
descolar (vi)	απογειώνομαι	[apojiónome]
pista (f) de descolagem	διάδρομος απογείωσης (αρ.)	[ðiáðromos apojíosis]
visibilidade (f)	ορατότητα (θηλ.)	[oratótita]
voo (m)	πέταγμα (ουδ.)	[pétaɣma]
altura (f)	ύψος (ουδ.)	[ípsos]
poço (m) de ar	κενό αέρος (ουδ.)	[kenó aéros]
assento (m)	θέση (θηλ.)	[θési]
auscultadores (m pl)	ακουστικά (ουδ.πλ.)	[akustiká]
mesa (f) rebatível	πτυσσόμενο τραπεζάκι (ουδ.)	[ptisómeno trapezáki]
vigia (f)	παράθυρο (ουδ.)	[paráθiro]
passagem (f)	διάδρομος (αρ.)	[ðiáðromos]

106. Comboio

comboio (m)	τραίνο, τρένο (ουδ.)	[tréno]
comboio (m) suburbano	περιφερειακό τρένο (ουδ.)	[periferiakó tréno]
comboio (m) rápido	τρένο εξπρές (ουδ.)	[tréno eksprés]
locomotiva (f) diesel	αμαξοστοιχία ντίζελ (θηλ.)	[amaksostixía dízelʲ]
locomotiva (f) a vapor	ατμάμαξα (θηλ.)	[atmámaksa]
carruagem (f)	βαγόνι (ουδ.)	[vayóni]
carruagem restaurante (f)	εστιατόριο (ουδ.)	[estiatório]
carris (m pl)	ράγες (θηλ.πλ.)	[rájes]
caminho de ferro (m)	σιδηρόδρομος (αρ.)	[siðiróðromos]
travessa (f)	στρωτήρας (αρ.)	[strotíras]
plataforma (f)	πλατφόρμα (θηλ.)	[plʲatfórma]
linha (f)	αποβάθρα (θηλ.)	[apováθra]
semáforo (m)	σηματοδότης (αρ.)	[simatoðótis]
estação (f)	σταθμός (αρ.)	[staθmós]
maquinista (m)	οδηγός τρένου (αρ.)	[oðiyós trénu]
bagageiro (m)	αχθοφόρος (αρ.)	[axθofóros]
hospedeiro, -a (da carruagem)	συνοδός (αρ.)	[sinoðós]
passageiro (m)	επιβάτης (αρ.)	[epivátis]
revisor (m)	ελεγκτής εισιτηρίων (αρ.)	[elengtís isitiríon]
corredor (m)	διάδρομος (αρ.)	[ðiáðromos]
freio (m) de emergência	φρένο έκτακτης ανάγκης (ουδ.)	[fréno éktaktis anángis]
compartimento (m)	κουπέ (ουδ.)	[kupé]
cama (f)	κουκέτα (θηλ.)	[kukéta]
cama (f) de cima	πάνω κουκέτα (θηλ.)	[páno kukéta]
cama (f) de baixo	κάτω κουκέτα (θηλ.)	[káto kukéta]
roupa (f) de cama	σεντόνια (ουδ.πλ.)	[sendónia]
bilhete (m)	εισιτήριο (ουδ.)	[isitírio]
horário (m)	δρομολόγιο (ουδ.)	[ðromolʲójo]
painel (m) de informação	πίνακας πληροφοριών (αρ.)	[pínakas pliroforión]
partir (vt)	αναχωρώ	[anaxoró]
partida (f)	αναχώρηση (θηλ.)	[anaxórisi]
chegar (vi)	φτάνω	[ftáno]
chegada (f)	άφιξη (θηλ.)	[áfiksi]
chegar de comboio	έρχομαι με τρένο	[érxome me tréno]
apanhar o comboio	ανεβαίνω στο τρένο	[anevéno sto tréno]
sair do comboio	κατεβαίνω από το τρένο	[katevéno apó to tréno]
acidente (m) ferroviário	πρόσκρουση τρένου (θηλ.)	[próskrusi trénu]
fogueiro (m)	θερμαστής (αρ.)	[θermastís]
fornalha (f)	θάλαμο καύσης (ουδ.)	[θálʲamo káfsis]
carvão (m)	κάρβουνο (ουδ.)	[kárvuno]

107. Barco

| navio (m) | πλοίο (ουδ.) | [plío] |
| embarcação (f) | σκάφος (ουδ.) | [skáfos] |

vapor (m)	ατμόπλοιο (ουδ.)	[atmóplio]
navio (m)	ποταμόπλοιο (ουδ.)	[potamóplio]
transatlântico (m)	κρουαζιερόπλοιο (ουδ.)	[kruazieróplio]
cruzador (m)	καταδρομικό (ουδ.)	[kataðromikó]

iate (m)	κότερο (ουδ.)	[kótero]
rebocador (m)	ρυμουλκό (ουδ.)	[rimulʲkó]
barcaça (f)	φορτηγίδα (θηλ.)	[fortiʝíða]
ferry (m)	φέρι μποτ (ουδ.)	[féri bot]

| veleiro (m) | ιστιοφόρο (ουδ.) | [istiofóro] |
| bergantim (m) | βριγαντίνο (ουδ.) | [vriɣantíno] |

| quebra-gelo (m) | παγοθραυστικό (ουδ.) | [payoθrafstikó] |
| submarino (m) | υποβρύχιο (ουδ.) | [ipovríxo] |

bote, barco (m)	βάρκα (θηλ.)	[várka]
bote, dingue (m)	λέμβος (θηλ.)	[lémvos]
bote (m) salva-vidas	σωσίβια λέμβος (θηλ.)	[sosívia lémvos]
lancha (f)	ταχύπλοο (ουδ.)	[taxíplʲoo]

capitão (m)	καπετάνιος (αρ.)	[kapetánios]
marinheiro (m)	ναύτης (αρ.)	[náftis]
marujo (m)	ναυτικός (αρ.)	[naftikós]
tripulação (f)	πλήρωμα (ουδ.)	[plíroma]

contramestre (m)	λοστρόμος (αρ.)	[lʲostrómos]
grumete (m)	μούτσος (αρ.)	[mútsos]
cozinheiro (m) de bordo	μάγειρας (αρ.)	[májiras]
médico (m) de bordo	ιατρός πλοίου (αρ.)	[jatrós plíu]

convés (m)	κατάστρωμα (ουδ.)	[katástroma]
mastro (m)	κατάρτι (ουδ.)	[katárti]
vela (f)	ιστίο (ουδ.)	[istío]

porão (m)	αμπάρι (ουδ.)	[ambári]
proa (f)	πλώρη (θηλ.)	[plóri]
popa (f)	πρύμνη (θηλ.)	[prímni]
remo (m)	κουπί (ουδ.)	[kupí]
hélice (f)	προπέλα (θηλ.)	[propélʲa]

camarote (m)	καμπίνα (θηλ.)	[kabína]
sala (f) dos oficiais	αίθουσα αξιωματικών (ουδ.)	[éθusa aksiomatikón]
sala (f) das máquinas	μηχανοστάσιο (ουδ.)	[mixanostásio]
ponte (m) de comando	γέφυρα (θηλ.)	[jéfira]
sala (f) de comunicações	θάλαμος επικοινωνιών (αρ.)	[θálamos epikinonión]
onda (f) de rádio	κύμα (ουδ.)	[kíma]
diário (m) de bordo	ημερολόγιο πλοίου (ουδ.)	[imerolʲójo plíu]
luneta (f)	κυάλι (ουδ.)	[kiáli]
sino (m)	καμπάνα (θηλ.)	[kabána]

bandeira (f)	σημαία (θηλ.)	[siméa]
cabo (m)	παλαμάρι (ουδ.)	[palʲamári]
nó (m)	κόμβος (αρ.)	[kómvos]

corrimão (m)	κουπαστή (θηλ.)	[kupastí]
prancha (f) de embarque	σκάλα επιβιβάσεως (θηλ.)	[skálʲa epivisáseos]

âncora (f)	άγκυρα (θηλ.)	[ángira]
recolher a âncora	σηκώνω άγκυρα	[sikóno ángira]
lançar a âncora	ρίχνω άγκυρα	[ríxno ángira]
amarra (f)	αλυσίδα της άγκυρας (θηλ.)	[alisíða tis ángiras]

porto (m)	λιμάνι (ουδ.)	[limáni]
cais, amarradouro (m)	προβλήτα (θηλ.)	[provlíta]
atracar (vi)	αράζω	[arázo]
desatracar (vi)	σαλπάρω	[salʲpáro]

viagem (f)	ταξίδι (ουδ.)	[taksíði]
cruzeiro (m)	κρουαζιέρα (θηλ.)	[kruaziéra]
rumo (m), rota (f)	ρότα, πορεία (θηλ.)	[róta], [poría]
itinerário (m)	δρομολόγιο (ουδ.)	[ðromolʲójo]

canal (m) navegável	πλωτό μέρος (ουδ.)	[plʲotó méros]
banco (m) de areia	ρηχά (ουδ.πλ.)	[rixá]
encalhar (vt)	εξοκέλλω	[eksokélʲo]

tempestade (f)	καταιγίδα (θηλ.)	[katejíða]
sinal (m)	σήμα (ουδ.)	[síma]
afundar-se (vr)	βυθίζομαι	[viθízome]
SOS	SOS (ουδ.)	[es-o-es]
boia (f) salva-vidas	σωσίβιο (ουδ.)	[sosívio]

108. Aeroporto

aeroporto (m)	αεροδρόμιο (ουδ.)	[aeroðrómio]
avião (m)	αεροπλάνο (ουδ.)	[aeroplʲáno]
companhia (f) aérea	αεροπορική εταιρεία (θηλ.)	[aeroporikí etería]
controlador (m) de tráfego aéreo	ελεγκτής εναέριας κυκλοφορίας (αρ.)	[elengtís enaérias kiklʲoforías]

partida (f)	αναχώρηση (θηλ.)	[anaxórisi]
chegada (f)	άφιξη (θηλ.)	[áfiksi]
chegar (~ de avião)	φτάνω	[ftáno]

hora (f) de partida	ώρα αναχώρησης (θηλ.)	[ora anaxórisis]
hora (f) de chegada	ώρα άφιξης (θηλ.)	[óra áfiksis]

estar atrasado	καθυστερώ	[kaθisteró]
atraso (m) de voo	καθυστέρηση πτήσης (θηλ.)	[kaθistérisi ptísis]

painel (m) de informação	πίνακας πληροφοριών (αρ.)	[pínakas pliroforión]
informação (f)	πληροφορίες (θηλ.πλ.)	[pliroforíes]
anunciar (vt)	ανακοινώνω	[anakinóno]
voo (m)	πτήση (θηλ.)	[ptísi]

| alfândega (f) | τελωνείο (ουδ.) | [telʲonío] |
| funcionário (m) da alfândega | τελωνειακός (αρ.) | [telʲoniakós] |

declaração (f) alfandegária	τελωνειακή διασάφηση (θηλ.)	[telʲoniakí ðiasáfisi]
preencher a declaração	συμπληρώνω τη δήλωση	[simbliróno ti ðílʲosi]
controlo (m) de passaportes	έλεγχος διαβατηρίων (αρ.)	[élenxos ðiavatiríon]

bagagem (f)	αποσκευές (θηλ.πλ.)	[aposkevés]
bagagem (f) de mão	χειραποσκευή (θηλ.)	[xiraposkeví]
carrinho (m)	καρότσι αποσκευών (ουδ.)	[karótsi aposkevón]

aterragem (f)	προσγείωση (θηλ.)	[prozjíosi]
pista (f) de aterragem	διάδρομος προσγείωσης (αρ.)	[ðiáðromos prozjíosis]
aterrar (vi)	προσγειώνομαι	[prozjiónome]
escada (f) de avião	σκάλα αεροσκάφους (θηλ.)	[skálʲa aeroskáfus]

check-in (m)	check-in (ουδ.)	[tʃek-in]
balcão (m) do check-in	πάγκος ελέγχου εισητηρίων (αρ.)	[pángos elénxu isitiríon]
fazer o check-in	κάνω check-in	[káno tʃek-in]
cartão (m) de embarque	κάρτα επιβίβασης (θηλ.)	[kárta epivívasis]
porta (f) de embarque	πύλη αναχώρησης (θηλ.)	[píli anaxórisis]

trânsito (m)	διέλευση (θηλ.)	[ðiélefsi]
esperar (vi, vt)	περιμένω	[periméno]
sala (f) de espera	αίθουσα αναχώρησης (θηλ.)	[éθusa anaxórisis]
despedir-se de ...	συνοδεύω	[sinoðévo]
despedir-se (vr)	αποχαιρετώ	[apoxeretó]

Eventos

109. Férias. Evento

festa (f)	γιορτή (θηλ.)	[jortí]
festa (f) nacional	εθνική γιορτή (θηλ.)	[eθnikí jortí]
feriado (m)	αργία (θηλ.)	[arjía]
festejar (vt)	γιορτάζω	[jortázo]

evento (festa, etc.)	γεγονός (ουδ.)	[jeγonós]
evento (banquete, etc.)	εκδήλωση (θηλ.)	[ekδíl'osi]
banquete (m)	συμπόσιο (ουδ.)	[simbósio]
receção (f)	δεξίωση (θηλ.)	[δeksíosi]
festim (m)	γλέντι (ουδ.)	[γléndi]

aniversário (m)	επέτειος (θηλ.)	[epétios]
jubileu (m)	ιωβηλαίο (ουδ.)	[ioviléo]
celebrar (vt)	γιορτάζω	[jortázo]

Ano (m) Novo	Πρωτοχρονιά (θηλ.)	[protoxroniá]
Feliz Ano Novo!	Καλή Χρονιά!	kalí xroniá!
Pai (m) Natal	Άγιος Βασίλης (αρ.)	[ájos vasílis]

Natal (m)	Χριστούγεννα (ουδ.πλ.)	[xristújena]
Feliz Natal!	Καλά Χριστούγεννα!	[kal'á xristújena]
árvore (f) de Natal	Χριστουγεννιάτικο δέντρο (ουδ.)	[xristujeniátiko δéndro]
fogo (m) de artifício	πυροτεχνήματα (ουδ.πλ.)	[pirotexnímata]

boda (f)	γάμος (αρ.)	[γámos]
noivo (m)	γαμπρός (αρ.)	[γambrós]
noiva (f)	νύφη (θηλ.)	[nífi]

convidar (vt)	προσκαλώ	[proskal'ó]
convite (m)	πρόσκληση (θηλ.)	[prósklisi]

convidado (m)	επισκέπτης (αρ.)	[episképtis]
visitar (vt)	επισκέπτομαι	[episképtome]
receber os hóspedes	συναντώ τους καλεσμένους	[sinandó tus kalezménus]

presente (m)	δώρο (ουδ.)	[δóro]
oferecer (vt)	δίνω	[δíno]
receber presentes	παίρνω δώρα	[pérno δóra]
ramo (m) de flores	ανθοδέσμη (θηλ.)	[anθoδézmi]

felicitações (f pl)	συγχαρητήρια (ουδ.πλ.)	[sinxaritíria]
felicitar (dar os parabéns)	συγχαίρω	[sinxéro]
cartão (m) de parabéns	ευχετήρια κάρτα (θηλ.)	[efxetíria kárta]
enviar um postal	στέλνω κάρτα	[stél'no kárta]

receber um postal	λαμβάνω κάρτα	[lˈamváno kárta]
brinde (m)	πρόποση (θηλ.)	[próposi]
oferecer (vt)	κερνάω	[kernáo]
champanhe (m)	σαμπάνια (θηλ.)	[sambánia]
divertir-se (vr)	διασκεδάζω	[ðiaskeðázo]
diversão (f)	ευθυμία (θηλ.)	[efθimía]
alegria (f)	χαρά (θηλ.)	[xará]
dança (f)	χορός (αρ.)	[xorós]
dançar (vi)	χορεύω	[xorévo]
valsa (f)	βαλς (ουδ.)	[valˈs]
tango (m)	τανγκό (ουδ.)	[tangó]

110. Funerais. Enterro

cemitério (m)	νεκροταφείο (ουδ.)	[nekrotafío]
sepultura (f), túmulo (m)	τάφος (αρ.)	[táfos]
cruz (f)	σταυρός (αρ.)	[stavrós]
lápide (f)	ταφόπλακα (θηλ.)	[tafóplˈaka]
cerca (f)	φράχτης (αρ.)	[fráxtis]
capela (f)	παρεκκλήσι (ουδ.)	[pareklísi]
morte (f)	θάνατος (αρ.)	[θánatos]
morrer (vi)	πεθαίνω	[peθéno]
defunto (m)	νεκρός (αρ.)	[nekrós]
luto (m)	πένθος (ουδ.)	[pénθos]
enterrar, sepultar (vt)	θάβω	[θávo]
agência (f) funerária	γραφείο τελετών (ουδ.)	[ɣrafío teletón]
funeral (m)	κηδεία (θηλ.)	[kiðía]
coroa (f) de flores	στεφάνι (ουδ.)	[stefáni]
caixão (m)	φέρετρο (ουδ.)	[féretro]
carro (m) funerário	νεκροφόρα (θηλ.)	[nekrofóra]
mortalha (f)	σάβανο (ουδ.)	[sávano]
urna (f) funerária	τεφροδόχος (θηλ.)	[tefroðóxos]
crematório (m)	κρεματόριο (ουδ.)	[krematório]
obituário (m), necrologia (f)	νεκρολογία (θηλ.)	[nekrolˈojía]
chorar (vi)	κλαίω	[kléo]
soluçar (vi)	οδύρομαι	[oðírome]

111. Guerra. Soldados

pelotão (m)	διμοιρία (θηλ.)	[ðimiría]
companhia (f)	λόχος (αρ.)	[lˈóxos]
regimento (m)	σύνταγμα (ουδ.)	[síndaɣma]
exército (m)	στρατός (αρ.)	[stratós]
divisão (f)	μεραρχία (θηλ.)	[merarxía]

destacamento (m)	απόσπασμα (ουδ.)	[apóspazma]
hoste (f)	στρατιά (θηλ.)	[stratiá]

soldado (m)	στρατιώτης (αρ.)	[stratiótis]
oficial (m)	αξιωματικός (αρ.)	[aksiomatikós]

soldado (m) raso	απλός στρατιώτης (αρ.)	[apliós stratiótis]
sargento (m)	λοχίας (αρ.)	[lioxías]
tenente (m)	υπολοχαγός (αρ.)	[ipolioxaɣós]
capitão (m)	λοχαγός (αρ.)	[lioxaɣós]
major (m)	ταγματάρχης (αρ.)	[taɣmatárxis]
coronel (m)	συνταγματάρχης (αρ.)	[sindaɣmatárxis]
general (m)	στρατηγός (αρ.)	[stratiɣós]

marujo (m)	ναυτικός (αρ.)	[naftikós]
capitão (m)	καπετάνιος (αρ.)	[kapetánios]
contramestre (m)	λοστρόμος (αρ.)	[liostrómos]

artilheiro (m)	πυροβολητής (αρ.)	[pirovolitís]
soldado (m) paraquedista	αλεξιπτωτιστής (αρ.)	[aleksiptotís]
piloto (m)	αεροπόρος (αρ.)	[aeropóros]
navegador (m)	πλοηγός (αρ.)	[plioiɣós]
mecânico (m)	μηχανικός (αρ.)	[mixanikós]

sapador (m)	σκαπανέας (αρ.)	[skapanéas]
paraquedista (m)	αλεξιπτωτιστής (αρ.)	[aleksiptotís]
explorador (m)	στρατιωτικός αναγνώρισης (αρ.)	[stratiotikós anaɣnórisis]
franco-atirador (m)	δεινός σκοπευτής (αρ.)	[ðinós skopeftís]
patrulha (f)	περιπολία (θηλ.)	[peripolía]
patrulhar (vt)	περιπολώ	[peripolió]
sentinela (f)	σκοπός (αρ.)	[skopós]

guerreiro (m)	πολεμιστής (αρ.)	[polemistís]
patriota (m)	πατριώτης (αρ.)	[patriótis]
herói (m)	ήρωας (αρ.)	[íroas]
heroína (f)	ηρωίδα (θηλ.)	[iroíða]

traidor (m)	προδότης (αρ.)	[proðótis]
desertor (m)	λιποτάκτης (αρ.)	[lipotáktis]
desertar (vt)	λιποτακτώ	[lipotaktó]

mercenário (m)	μισθοφόρος (αρ.)	[misθofóros]
recruta (m)	νεοσύλλεκτος (αρ.)	[neosílektos]
voluntário (m)	εθελοντής (αρ.)	[eθeliondís]

morto (m)	νεκρός (αρ.)	[nekrós]
ferido (m)	τραυματίας (αρ.)	[travmatías]
prisioneiro (m) de guerra	αιχμάλωτος (αρ.)	[exmáliotos]

112. Guerra. Ações militares. Parte 1

guerra (f)	πόλεμος (αρ.)	[pólemos]
guerrear (vt)	πολεμώ	[polemó]

guerra (f) civil	εμφύλιος πόλεμος (αρ.)	[emfílios pólemos]
perfidamente	ύπουλα	[ípul'a]
declaração (f) de guerra	κήρυξη πολέμου (θηλ.)	[kíriksi polému]
declarar (vt) guerra	κηρύσσω πόλεμο	[kiríso pólemo]
agressão (f)	επιθετικότητα (θηλ.)	[epiθetikótita]
atacar (vt)	επιτίθεμαι	[epitíθeme]
invadir (vt)	εισβάλλω	[isvál'o]
invasor (m)	επιδρομέας (αρ.)	[epiðroméas]
conquistador (m)	κατακτητής (αρ.)	[kataktitís]
defesa (f)	άμυνα (θηλ.)	[ámina]
defender (vt)	υπερασπίζω	[iperaspízo]
defender-se (vr)	αμύνομαι	[amínome]
inimigo (m)	εχθρός (αρ.)	[exθrós]
adversário (m)	αντίπαλος (αρ.)	[andípal'os]
inimigo	εχθρικός	[exθrikós]
estratégia (f)	στρατηγική (θηλ.)	[stratijikí]
tática (f)	τακτική (θηλ.)	[taktikí]
ordem (f)	διαταγή (θηλ.)	[ðiataji͡]
comando (m)	διαταγή (θηλ.)	[ðiataji͡]
ordenar (vt)	διατάζω	[ðiatázo]
missão (f)	αποστολή (θηλ.)	[apostolí]
secreto	μυστικός	[mistikós]
batalha (f), combate (m)	μάχη (θηλ.)	[máxi]
ataque (m)	επίθεση (θηλ.)	[epíθesi]
assalto (m)	επίθεση (θηλ.)	[epíθesi]
assaltar (vt)	επιτίθεμαι	[epitíθeme]
assédio, sítio (m)	πολιορκία (θηλ.)	[poliorkía]
ofensiva (f)	επίθεση (θηλ.)	[epíθesi]
passar à ofensiva	επιτίθεμαι	[epitíθeme]
retirada (f)	υποχώρηση (θηλ.)	[ipoxórisi]
retirar-se (vr)	υποχωρώ	[ipoxoró]
cerco (m)	περικύκλωση (θηλ.)	[perikíkl'osi]
cercar (vt)	περικυκλώνω	[perikikl'óno]
bombardeio (m)	βομβαρδισμός (αρ.)	[vomvarðizmós]
lançar uma bomba	ρίχνω βόμβα	[ríxno vómva]
bombardear (vt)	βομβαρδίζω	[vomvarðízo]
explosão (f)	έκρηξη (θηλ.)	[ékriksi]
tiro (m)	πυροβολισμός (αρ.)	[pirovolizmós]
disparar um tiro	πυροβολώ	[pirovol'ó]
tiroteio (m)	πυροβολισμός (αρ.)	[pirovolizmós]
apontar para ...	στοχεύω σε ...	[stoxévo se]
apontar (vt)	σημαδεύω	[simaðévo]
acertar (vt)	πετυχαίνω	[petixéno]
afundar (um navio)	βυθίζω	[viθízo]

brecha (f)	ρήγμα (ουδ.)	[ríyma]
afundar-se (vr)	βουλιάζω	[vuliázo]

frente (m)	μέτωπο (ουδ.)	[métopo]
evacuação (f)	εκκένωση (θηλ.)	[ekénosi]
evacuar (vt)	εκκενώνω	[ekenóno]

arame (m) farpado	συρματόπλεγμα (ουδ.)	[sirmatópleɣma]
obstáculo (m) anticarro	εμπόδιο (ουδ.)	[embóðio]
torre (f) de vigia	παρατηρητήριο (ουδ.)	[paratiritírio]

hospital (m)	στρατιωτικό νοσοκομείο (ουδ.)	[stratiotikó nosokomío]
ferir (vt)	τραυματίζω	[travmatízo]
ferida (f)	πληγή (θηλ.)	[pliɟí]
ferido (m)	τραυματίας (αρ.)	[travmatías]
ficar ferido	τραυματίζομαι	[travmatízome]
grave (ferida ~)	σοβαρός	[sovarós]

113. Guerra. Ações militares. Parte 2

cativeiro (m)	αιχμαλωσία (θηλ.)	[exmaliosía]
capturar (vt)	αιχμαλωτίζω	[exmaliotízo]
estar em cativeiro	είμαι αιχμάλωτος	[íme exmáliotos]
ser aprisionado	αιχμαλωτίζομαι	[exmaliotízome]

campo (m) de concentração	στρατόπεδο συγκέντρωσης (ουδ.)	[stratópeðo singendrósis]
prisioneiro (m) de guerra	αιχμάλωτος (αρ.)	[exmáliotos]
escapar (vi)	δραπετεύω	[ðrapetévo]

trair (vt)	προδίδω	[proðíðo]
traidor (m)	προδότης (αρ.)	[proðótis]
traição (f)	προδοσία (θηλ.)	[proðosía]

fuzilar, executar (vt)	εκτελώ	[ekteliό]
fuzilamento (m)	τυφεκισμός (αρ.)	[tifekizmós]

equipamento (m)	εξοπλισμός (αρ.)	[eksoplizmós]
platina (f)	επωμίδα (θηλ.)	[epomíða]
máscara (f) antigás	μάσκα αερίων (θηλ.)	[máska aeríon]

rádio (m)	πομποδέκτης (αρ.)	[pomboðéktis]
cifra (f), código (m)	κωδικός (αρ.)	[koðikós]
conspiração (f)	μυστικότητα (θηλ.)	[mistikótita]
senha (f)	κωδικός (αρ.)	[koðikós]

mina (f)	νάρκη (θηλ.)	[nárki]
minar (vt)	ναρκοθετώ	[narkoθetó]
campo (m) minado	ναρκοπέδιο (ουδ.)	[narkopéðio]

alarme (m) aéreo	αεροπορικός συναγερμός (αρ.)	[aeroporikós sinajermós]
alarme (m)	συναγερμός (αρ.)	[sinajermós]

sinal (m)	σήμα (ουδ.)	[síma]
sinalizador (m)	συνθηματική ρουκέτα (θηλ.)	[sinθimatikí rukéta]

estado-maior (m)	αρχηγείο (ουδ.)	[arxiǧío]
reconhecimento (m)	αναγνώριση (θηλ.)	[anaɣnórisi]
situação (f)	κατάσταση (θηλ.)	[katástasi]
relatório (m)	αναφορά (θηλ.)	[anaforá]
emboscada (f)	ενέδρα (θηλ.)	[enéðra]
reforço (m)	ενισχύσεις (θηλ.πλ.)	[enisxísis]

alvo (m)	στόχος (αρ.)	[stóxos]
campo (m) de tiro	πεδίο βολής (ουδ.)	[peðío volís]
manobras (f pl)	στρατιωτική άσκηση (θηλ.)	[stratiotikí áskisi]

pânico (m)	πανικός (αρ.)	[panikós]
devastação (f)	ερείπια (ουδ.πλ.)	[erípia]
ruínas (f pl)	καταστροφές (θηλ.πλ.)	[katastrofés]
destruir (vt)	καταστρέφω	[katastréfo]

sobreviver (vi)	επιβιώνω	[epivevióno]
desarmar (vt)	αφοπλίζω	[afoplízo]
manusear (vt)	μεταχειρίζομαι	[metaxirízome]

Firmes!	Προσοχή!	[prosoxí]
Descansar!	Ανάπαυση!	[anápafsi]

façanha (f)	άθλος (αρ.)	[áθlʲos]
juramento (m)	όρκος (αρ.)	[órkos]
jurar (vi)	ορκίζομαι	[orkízome]

condecoração (f)	μετάλλιο, παράσημο (ουδ.)	[metálio], [parásimo]
condecorar (vt)	απονέμω	[aponémo]
medalha (f)	μετάλλιο (ουδ.)	[metálio]
ordem (f)	παράσημο (ουδ.)	[parásimo]

vitória (f)	νίκη (θηλ.)	[níki]
derrota (f)	ήττα (θηλ.)	[íta]
armistício (m)	ανακωχή (θηλ.)	[anakoxí]

bandeira (f)	σημαία (θηλ.)	[siméa]
glória (f)	δόξα (θηλ.)	[ðóksa]
desfile (m) militar	παρέλαση (θηλ.)	[parélʲasi]
marchar (vi)	παρελαύνω	[parelʲávno]

114. Armas

arma (f)	όπλα (ουδ.πλ.)	[óplʲa]
arma (f) de fogo	πυροβόλα όπλα (ουδ.πλ.)	[pirovólʲa óplʲa]
arma (f) branca	αγχέμαχα όπλα (ουδ.πλ.)	[anxémaxa óplʲa]

arma (f) química	χημικά όπλα (ουδ.πλ.)	[ximiká óplʲa]
nuclear	πυρηνικός	[pirinikós]
arma (f) nuclear	πυρηνικά όπλα (ουδ.πλ.)	[piriniká óplʲa]
bomba (f)	βόμβα (θηλ.)	[vómva]

bomba (f) atómica	ατομική βόμβα (θηλ.)	[atomikí vómva]
pistola (f)	πιστόλι (ουδ.)	[pistóli]
caçadeira (f)	τουφέκι (ουδ.)	[tuféki]
pistola-metralhadora (f)	αυτόματο (ουδ.)	[aftómato]
metralhadora (f)	πολυβόλο (ουδ.)	[polivólʲo]

boca (f)	στόμιο κάννης (ουδ.)	[stómio kánis]
cano (m)	κάννη (θηλ.)	[káni]
calibre (m)	διαμέτρημα (ουδ.)	[ðiamétrima]

gatilho (m)	σκανδάλη (θηλ.)	[skanðáli]
mira (f)	στόχαστρο (ουδ.)	[stóxastro]
carregador (m)	γεμιστήρας (αρ.)	[jemistíras]
coronha (f)	κοντάκι (ουδ.)	[kondáki]

| granada (f) de mão | χειροβομβίδα (θηλ.) | [xirovomvíða] |
| explosivo (m) | εκρηκτικό (ουδ.) | [ekriktikó] |

bala (f)	σφαίρα (θηλ.)	[sféra]
cartucho (m)	φυσίγγι (ουδ.)	[fisíngi]
carga (f)	γόμωση (θηλ.)	[ɣómosi]
munições (f pl)	πυρομαχικά (ουδ.πλ.)	[piromaxiká]

bombardeiro (m)	βομβαρδιστικό αεροπλάνο (ουδ.)	[vomvarðistikó aeroplʲáno]
avião (m) de caça	μαχητικό αεροσκάφος (ουδ.)	[maxitikó aeroskáfos]
helicóptero (m)	ελικόπτερο (ουδ.)	[elikóptero]

canhão (m) antiaéreo	αντιαεροπορικό πυροβόλο (ουδ.)	[andiaeroporikó pirovólʲo]
tanque (m)	τανκ (ουδ.)	[tank]
canhão (de um tanque)	πυροβόλο (ουδ.)	[pirovólʲo]

| artilharia (f) | πυροβολικό (ουδ.) | [pirovolikó] |
| fazer a pontaria | σημαδεύω | [simaðévo] |

obus (m)	βλήμα (ουδ.)	[vlíma]
granada (f) de morteiro	βλήμα όλμου (ουδ.)	[vlíma ólʲmu]
morteiro (m)	όλμος (αρ.), ολμοβόλο (ουδ.)	[ólʲmos], [olʲmovólʲo]
estilhaço (m)	θραύσμα (ουδ.)	[θrávzma]

submarino (m)	υποβρύχιο (ουδ.)	[ipovríxo]
torpedo (m)	τορπίλη (θηλ.)	[torpíli]
míssil (m)	ρουκέτα (θηλ.)	[rukéta]

carregar (uma arma)	γεμίζω	[jemízo]
atirar, disparar (vi)	πυροβολώ	[pirovolʲó]
apontar para ...	στοχεύω σε ...	[stoxévo se]
baioneta (f)	ξιφολόγχη (θηλ.)	[ksifolʲónxi]

espada (f)	ξίφος (ουδ.)	[ksífos]
sabre (m)	σπαθί (ουδ.)	[spaθí]
lança (f)	δόρυ (ουδ.)	[ðóri]
arco (m)	τόξο (ουδ.)	[tókso]
flecha (f)	βέλος (ουδ.)	[vélʲos]

mosquete (m)	μουσκέτο (ουδ.)	[muskéto]
besta (f)	τόξο (ουδ.)	[tókso]

115. Povos da antiguidade

primitivo	πρωτόγονος	[protóγonos]
pré-histórico	προϊστορικός	[projstorikós]
antigo	αρχαίος	[arxéos]

Idade (f) da Pedra	Λίθινη Εποχή (θηλ.)	[líθini epoxí]
Idade (f) do Bronze	Εποχή του Χαλκού (θηλ.)	[epoxí tu xalʲkú]
período (m) glacial	Εποχή των Παγετώνων (θηλ.)	[epoxí ton paγetónon]

tribo (f)	φυλή (θηλ.)	[filí]
canibal (m)	κανίβαλος (αρ.)	[kanívalʲos]
caçador (m)	κυνηγός (αρ.)	[kiniγós]
caçar (vi)	κυνηγώ	[kiniγó]
mamute (m)	μαμούθ (ουδ.)	[mamúθ]

caverna (f)	σπηλιά (θηλ.)	[spiliá]
fogo (m)	φωτιά (θηλ.)	[fotiá]
fogueira (f)	φωτιά (θηλ.)	[fotiá]
pintura (f) rupestre	τοιχογραφία σπηλαίων (θηλ.)	[tixoγrafía spiléon]

ferramenta (f)	εργαλείο (ουδ.)	[erγalío]
lança (f)	ακόντιο (ουδ.)	[akóndio]
machado (m) de pedra	πέτρινο τσεκούρι (ουδ.)	[pétrino tsekúri]
guerrear (vt)	πολεμώ	[polemó]
domesticar (vt)	εξημερώνω	[eksimeróno]
ídolo (m)	είδωλο (ουδ.)	[ídolʲo]
adorar, venerar (vt)	λατρεύω	[lʲatrévo]
superstição (f)	δεισιδαιμονία (θηλ.)	[ðisiðemonía]

evolução (f)	εξέλιξη (θηλ.)	[ekséliksi]
desenvolvimento (m)	ανάπτυξη (θηλ.)	[anáptiksi]
desaparecimento (m)	εξαφάνιση (θηλ.)	[eksafánisi]
adaptar-se (vr)	προσαρμόζομαι	[prosarmózome]

arqueologia (f)	αρχαιολογία (θηλ.)	[arxeolʲojía]
arqueólogo (m)	αρχαιολόγος (αρ.)	[arxeolʲóγos]
arqueológico	αρχαιολογικός	[arxeolʲojikós]

local (m) das escavações	χώρος ανασκαφής (αρ.)	[xóros anaskafís]
escavações (f pl)	ανασκαφή (θηλ.)	[anaskafí]
achado (m)	εύρημα (ουδ.)	[évrima]
fragmento (m)	τεμάχιο (ουδ.)	[temáxio]

116. Idade média

povo (m)	λαός (αρ.)	[lʲaós]
povos (m pl)	λαοί (αρ.πλ.)	[lʲaí]

tribo (f)	φυλή (θηλ.)	[filí]
tribos (f pl)	φυλές (θηλ.πλ.)	[filés]

bárbaros (m pl)	Βάρβαροι (αρ.πλ.)	[várvari]
gauleses (m pl)	Γάλλοι (αρ.πλ.)	[ɣáli]
godos (m pl)	Γότθοι (αρ.πλ.)	[ɣótθi]
eslavos (m pl)	Σλάβοι (αρ.πλ.)	[slʲávi]
víquingues (m pl)	Βίκινγκς (αρ.πλ.)	[víkings]

romanos (m pl)	Ρωμαίοι (αρ.πλ.)	[roméi]
romano	ρωμαϊκός	[romaikós]

bizantinos (m pl)	Βυζαντινοί (αρ.πλ.)	[vizandiní]
Bizâncio	Βυζάντιο (ουδ.)	[vizándio]
bizantino	βυζαντινός	[vizandinós]

imperador (m)	αυτοκράτορας (αρ.)	[aftokrátoras]
líder (m)	αρχηγός (αρ.)	[arxiɣós]
poderoso	ισχυρός	[isxirós]
rei (m)	βασιλιάς (αρ.)	[vasiliás]
governante (m)	ηγεμόνας (αρ.)	[ijemónas]

cavaleiro (m)	ιππότης (αρ.)	[ipótis]
senhor feudal (m)	φεουδάρχης (αρ.)	[feuðárxis]
feudal	φεουδαρχικός	[feuðarxikós]
vassalo (m)	υποτελής, βασάλος (αρ.)	[ipotelís], [vasálʲos]

duque (m)	δούκας (αρ.)	[ðúkas]
conde (m)	κόμης (αρ.)	[kómis]
barão (m)	βαρόνος (αρ.)	[varónos]
bispo (m)	επίσκοπος (αρ.)	[epískopos]

armadura (f)	πανοπλία (θηλ.)	[panoplía]
escudo (m)	ασπίδα (θηλ.)	[aspíða]
espada (f)	σπαθί (ουδ.)	[spaθí]
cota (f) de malha	αλυσιδωτή πανοπλία (θηλ.)	[alisiðotí panoplía]

cruzada (f)	σταυροφορία (θηλ.)	[stavroforía]
cruzado (m)	σταυροφόρος (αρ.)	[stavrofóros]

território (m)	έδαφος (ουδ.)	[éðafos]
atacar (vt)	επιτίθεμαι	[epitíθeme]
conquistar (vt)	κατακτώ	[kataktó]
ocupar, invadir (vt)	καταλαμβάνω	[katalʲamváno]

assédio, sítio (m)	πολιορκία (θηλ.)	[poliorkía]
sitiado	πολιορκημένος	[poliorkiménos]
assediar, sitiar (vt)	πολιορκώ	[poliorkó]

inquisição (f)	Ιερά Εξέταση (θηλ.)	[ierá eksétasi]
inquisidor (m)	ιεροεξεταστής (αρ.)	[ieroeksetastís]
tortura (f)	βασανιστήριο (ουδ.)	[vasanistírio]
cruel	βάναυσος	[vánafsos]
herege (m)	αιρετικός (αρ.)	[eretikós]
heresia (f)	αίρεση (θηλ.)	[éresi]
navegação (f) marítima	ναυτιλία (θηλ.)	[naftilía]

pirata (m)	πειρατής (αρ.)	[piratís]
pirataria (f)	πειρατεία (θηλ.)	[piratía]
abordagem (f)	ρεσάλτο (ουδ.)	[resálʲto]
presa (f), butim (m)	λάφυρο (ουδ.)	[lʲáfiro]
tesouros (m pl)	θησαυροί (αρ.πλ.)	[θisavrí]

descobrimento (m)	ανακάλυψη (θηλ.)	[anakálipsi]
descobrir (novas terras)	ανακαλύπτω	[anakalípto]
expedição (f)	αποστολή (θηλ.)	[apostolí]

mosqueteiro (m)	μουσκετοφόρος (αρ.)	[musketofóros]
cardeal (m)	καρδινάλιος (αρ.)	[karðinálios]
heráldica (f)	εραλδική (θηλ.)	[eralʲðikí]
heráldico	εραλδικός	[eralʲðikós]

117. Líder. Chefe. Autoridades

rei (m)	βασιλιάς (αρ.)	[vasiliás]
rainha (f)	βασίλισσα (θηλ.)	[vasílisa]
real	βασιλικός	[vasilikós]
reino (m)	βασίλειο (ουδ.)	[vasílio]

| príncipe (m) | πρίγκιπας (αρ.) | [príngipas] |
| princesa (f) | πριγκίπισσα (θηλ.) | [pringípisa] |

presidente (m)	πρόεδρος (αρ.)	[próeðros]
vice-presidente (m)	αντιπρόεδρος (αρ.)	[andipróeðros]
senador (m)	γερουσιαστής (αρ.)	[jerusiastís]

monarca (m)	μονάρχης (αρ.)	[monárxis]
governante (m)	ηγεμόνας (αρ.)	[ijemónas]
ditador (m)	δικτάτορας (αρ.)	[ðiktátoras]
tirano (m)	τύραννος (αρ.)	[tíranos]
magnata (m)	μεγιστάνας (αρ.)	[mejistánas]

diretor (m)	διευθυντής (αρ.)	[ðiefθindís]
chefe (m)	αφεντικό (ουδ.)	[afendikó]
dirigente (m)	διευθυντής (αρ.)	[ðiefθindís]
patrão (m)	αφεντικό (ουδ.)	[afendikó]
dono (m)	ιδιοκτήτης (αρ.)	[iðioktítis]

líder, chefe (m)	αρχηγός (αρ.)	[arxiɣós]
chefe (~ de delegação)	επικεφαλής (αρ.)	[epikefalís]
autoridades (f pl)	αρχές (θηλ.πλ.)	[arxés]
superiores (m pl)	προϊστάμενοι (πλ.)	[projstámeni]

governador (m)	κυβερνήτης (αρ.)	[kivernítis]
cônsul (m)	πρόξενος (αρ.)	[próksenos]
diplomata (m)	διπλωμάτης (αρ.)	[ðiplʲomátis]
Presidente (m) da Câmara	δήμαρχος (αρ.)	[ðímarxos]
xerife (m)	σερίφης (αρ.)	[serífis]

| imperador (m) | αυτοκράτορας (αρ.) | [aftokrátoras] |
| czar (m) | τσάρος (αρ.) | [tsáros] |

| faraó (m) | Φαραώ (αρ.) | [faraó] |
| cã (m) | χαν, χάνος (αρ.) | [xan], [xános] |

118. Viloação da lei. Criminosos. Parte 1

bandido (m)	συμμορίτης (αρ.)	[simorítis]
crime (m)	έγκλημα (ουδ.)	[énglima]
criminoso (m)	εγκληματίας (αρ.)	[englimatías]

ladrão (m)	κλέφτης (αρ.)	[kléftis]
roubar (vt)	κλέβω	[klévo]
furto (m)	κλοπή (θηλ.)	[kl^jopí]
furto (m)	κλοπή (θηλ.)	[kl^jopí]

raptar (ex. ~ uma criança)	απάγω	[apáγo]
rapto (m)	απαγωγή (θηλ.)	[apaγojí]
raptor (m)	απαγωγέας (αρ.)	[apaγojéas]

| resgate (m) | λύτρα (ουδ.πλ.) | [lítra] |
| pedir resgate | ζητώ λύτρα | [zitó lítra] |

roubar (vt)	ληστεύω	[listévo]
assalto, roubo (m)	ληστεία (θηλ.)	[listía]
assaltante (m)	ληστής (αρ.)	[listís]

extorquir (vt)	αποσπώ εκβιαστικά	[apospó ekviastiká]
extorsionário (m)	εκβιαστής (αρ.)	[ekviastís]
extorsão (f)	εκβιασμός (αρ.)	[ekviazmós]

matar, assassinar (vt)	σκοτώνω	[skotóno]
homicídio (m)	φόνος (αρ.)	[fónos]
homicida, assassino (m)	δολοφόνος (αρ.)	[ðol^jofónos]

tiro (m)	πυροβολισμός (αρ.)	[pirovolizmós]
dar um tiro	πυροβολώ	[pirovol^jó]
matar a tiro	σκοτώνω με πυροβόλο όπλο	[skotóno mepirovól^jo opl^jo]

| atirar, disparar (vi) | πυροβολώ | [pirovol^jó] |
| tiroteio (m) | πυροβολισμός (αρ.) | [pirovolizmós] |

incidente (m)	επεισόδιο (ουδ.)	[episódio]
briga (~ de rua)	καυγάς (αρ.)	[kavγás]
vítima (f)	θύμα (ουδ.)	[θíma]

danificar (vt)	καταστρέφω	[katastréfo]
dano (m)	ζημιά (θηλ.)	[zimiá]
cadáver (m)	πτώμα (ουδ.)	[ptóma]
grave	σοβαρός	[sovarós]

atacar (vt)	επιτίθεμαι	[epitíθeme]
bater (espancar)	χτυπάω	[xtipáo]
espancar (vt)	δέρνω	[ðérno]
tirar, roubar (dinheiro)	κλέβω	[klévo]
esfaquear (vt)	μαχαιρώνω	[maxeróno]

mutilar (vt)	παραμορφώνω	[paramorfóno]
ferir (vt)	τραυματίζω	[travmatízo]
chantagem (f)	εκβιασμός (αρ.)	[ekviazmós]
chantagear (vt)	εκβιάζω	[ekviázo]
chantagista (m)	εκβιαστής (αρ.)	[ekviastís]
extorsão (em troca de proteção)	προστασία έναντι χρημάτων (θηλ.)	[prostasía énandi xrimáton]
extorsionário (m)	απατεώνας (αρ.)	[apateónas]
gângster (m)	γκάνγκστερ (αρ.)	[gángster]
máfia (f)	μαφία (θηλ.)	[mafía]
carteirista (m)	πορτοφολάς (αρ.)	[portofoliás]
assaltante, ladrão (m)	διαρρήκτης (αρ.)	[ðiaríktis]
contrabando (m)	λαθρεμπόριο (ουδ.)	[liaθrembório]
contrabandista (m)	λαθρέμπορος (αρ.)	[liaθrémboros]
falsificação (f)	πλαστογραφία (θηλ.)	[pliastoγrafía]
falsificar (vt)	πλαστογραφώ	[pliastoγrafó]
falsificado	πλαστός	[pliastós]

119. Viloação da lei. Criminosos. Parte 2

violação (f)	βιασμός (αρ.)	[viazmós]
violar (vt)	βιάζω	[viázo]
violador (m)	βιαστής (αρ.)	[viastís]
maníaco (m)	μανιακός (αρ.)	[maniakós]
prostituta (f)	πόρνη (θηλ.)	[pórni]
prostituição (f)	πορνεία (θηλ.)	[pornía]
chulo (m)	νταβατζής (αρ.)	[davadzís]
toxicodependente (m)	ναρκομανής (αρ.)	[narkomanís]
traficante (m)	έμπορος ναρκωτικών (αρ.)	[émboros narkotikón]
explodir (vt)	ανατινάζω	[anatinázo]
explosão (f)	έκρηξη (θηλ.)	[ékriksi]
incendiar (vt)	πυρπολώ	[pirpolió]
incendiário (m)	εμπρηστής (αρ.)	[embristís]
terrorismo (m)	τρομοκρατία (θηλ.)	[tromokratía]
terrorista (m)	τρομοκράτης (αρ.)	[tromokrátis]
refém (m)	όμηρος (αρ.)	[ómiros]
enganar (vt)	εξαπατώ	[eksapató]
engano (m)	εξαπάτηση (θηλ.)	[eksapátisi]
vigarista (m)	απατεώνας (αρ.)	[apateónas]
subornar (vt)	δωροδοκώ	[ðoroðokó]
suborno (atividade)	δωροδοκία (θηλ.)	[ðoroðokía]
suborno (dinheiro)	δωροδοκία (θηλ.)	[ðoroðokía]
veneno (m)	δηλητήριο (ουδ.)	[ðilitírio]
envenenar (vt)	δηλητηριάζω	[ðilitiriázo]

envenenar-se (vr)	δηλητηριάζομαι	[ðilitiriázome]
suicídio (m)	αυτοκτονία (θηλ.)	[aftoktonía]
suicida (m)	αυτόχειρας (αρ.)	[aftóxiras]

ameaçar (vt)	απειλώ	[apilió]
ameaça (f)	απειλή (θηλ.)	[apilí]
atentar contra a vida de ...	αποπειρώμαι	[apopiróme]
atentado (m)	απόπειρα δολοφονίας (θηλ.)	[apópira ðoliofonías]

roubar (o carro)	κλέβω	[klévo]
desviar (o avião)	κάνω αεροπειρατεία	[káno aeropiratía]

vingança (f)	εκδίκηση (θηλ.)	[ekðíkisi]
vingar (vt)	εκδικούμαι	[ekðikúme]

torturar (vt)	βασανίζω	[vasanízo]
tortura (f)	βασανιστήριο (ουδ.)	[vasanistírio]
atormentar (vt)	βασανίζω	[vasanízo]

pirata (m)	πειρατής (αρ.)	[piratís]
desordeiro (m)	χούλιγκαν (αρ.)	[xúligan]
armado	οπλισμένος	[oplizménos]
violência (f)	βία, βιαιότητα (θηλ.)	[vía], [vieótita]

espionagem (f)	κατασκοπεία (θηλ.)	[kataskopía]
espionar (vi)	κατασκοπεύω	[kataskopévo]

120. Polícia. Lei. Parte 1

justiça (f)	δικαιοσύνη (θηλ.)	[ðikeosíni]
tribunal (m)	δικαστήριο (ουδ.)	[ðikastírio]

juiz (m)	δικαστής (αρ.)	[ðikastís]
jurados (m pl)	ένορκοι (αρ.πλ.)	[énorki]
tribunal (m) do júri	ορκωτό δικαστήριο (ουδ.)	[orkotó ðikastírio]
julgar (vt)	δικάζω	[ðikázo]

advogado (m)	δικηγόρος (αρ.)	[ðikiɣóros]
réu (m)	κατηγορούμενος (αρ.)	[katiɣorúmenos]
banco (m) dos réus	εδώλιο (ουδ.)	[eðólio]

acusação (f)	κατηγορία (θηλ.)	[katiɣoría]
acusado (m)	κατηγορούμενος (αρ.)	[katiɣorúmenos]

sentença (f)	απόφαση (θηλ.)	[apófasi]
sentenciar (vt)	καταδικάζω	[kataðikázo]

culpado (m)	ένοχος (αρ.)	[énoxos]
punir (vt)	τιμωρώ	[timoró]
punição (f)	τιμωρία (θηλ.)	[timoría]

multa (f)	πρόστιμο (ουδ.)	[próstimo]
prisão (f) perpétua	ισόβια (ουδ.πλ.)	[isóvia]
pena (f) de morte	θανατική ποινή (θηλ.)	[θanatikí piní]

cadeira (f) elétrica	ηλεκτρική καρέκλα (θηλ.)	[ilektrikí karékl'a]
forca (f)	αγχόνη (θηλ.)	[anxóni]
executar (vt)	εκτελώ	[ktel'ó]
execução (f)	εκτέλεση (θηλ.)	[ektélesi]
prisão (f)	φυλακή (θηλ.)	[fil'akí]
cela (f) de prisão	κελί (ουδ.)	[kelí]
escolta (f)	συνοδεία (θηλ.)	[sinoðía]
guarda (m) prisional	δεσμοφύλακας (αρ.)	[ðezmofíl'akas]
preso (m)	φυλακισμένος (αρ.)	[fil'akizménos]
algemas (f pl)	χειροπέδες (θηλ.πλ.)	[xiropéðes]
algemar (vt)	περνάω χειροπέδες	[pernáo xiropéðes]
fuga, evasão (f)	απόδραση (θηλ.)	[apóðrasi]
fugir (vi)	δραπετεύω	[ðrapetévo]
desaparecer (vi)	εξαφανίζομαι	[eksafanízome]
soltar, libertar (vt)	απελευθερώνω	[apelefθeróno]
amnistia (f)	αμνηστία (θηλ.)	[amnistía]
polícia (instituição)	αστυνομία (θηλ.)	[astinomía]
polícia (m)	αστυνομικός (αρ.)	[astinomikós]
esquadra (f) de polícia	αστυνομικό τμήμα (ουδ.)	[astinomikó tmíma]
cassetete (m)	ρόπαλο (ουδ.)	[rópal'o]
megafone (m)	μεγάφωνο (ουδ.)	[meɣáfono]
carro (m) de patrulha	περιπολικό (ουδ.)	[peripolikó]
sirene (f)	σειρήνα (θηλ.)	[sirína]
ligar a sirene	ανοίγω τη σειρήνα	[aníɣo ti sirína]
toque (m) da sirene	βοή της σειρήνας (θηλ.)	[voí tis sirínas]
cena (f) do crime	τόπος εγκλήματος (αρ.)	[tópos englímatos]
testemunha (f)	μάρτυρας (αρ.)	[mártiras]
liberdade (f)	ελευθερία (θηλ.)	[elefθería]
cúmplice (m)	συνεργός (αρ.)	[sinerɣós]
escapar (vi)	δραπετεύω	[ðrapetévo]
traço (não deixar ~s)	ίχνος (ουδ.)	[íxnos]

121. Polícia. Lei. Parte 2

procura (f)	έρευνα (θηλ.)	[érevna]
procurar (vt)	αναζητώ	[anazitó]
suspeita (f)	υποψία (θηλ.)	[ipopsía]
suspeito	ύποπτος	[ípoptos]
parar (vt)	σταματώ	[stamató]
deter (vt)	προφυλακίζω	[profil'akízo]
caso (criminal)	υπόθεση (θηλ.)	[ipóθesi]
investigação (f)	έρευνα (θηλ.)	[érevna]
detetive (m)	ντετέκτιβ (αρ.)	[detéktiv]
investigador (m)	αστυνομικός ερευνητής (αρ.)	[astinomikós erevnitís]
versão (f)	εκδοχή (θηλ.)	[ekðoxí]

motivo (m)	κίνητρο (ουδ.)	[kínitro]
interrogatório (m)	ανάκριση (θηλ.)	[anákrisi]
interrogar (vt)	ανακρίνω	[anakríno]
questionar (vt)	ανακρίνω	[anakríno]
verificação (f)	έλεγχος (αρ.)	[élenxos]
batida (f) policial	έφοδος (θηλ.)	[éfoðos]
busca (f)	έρευνα (θηλ.)	[érevna]
perseguição (f)	καταδίωξη (θηλ.)	[kataðíoksi]
perseguir (vt)	καταδιώκω	[kataðióko]
seguir (vt)	κυνηγώ	[kiniγó]
prisão (f)	σύλληψη (θηλ.)	[sílipsi]
prender (vt)	συλλαμβάνω	[silʲamváno]
pegar, capturar (vt)	πιάνω	[piáno]
captura (f)	σύλληψη (θηλ.)	[sílipsi]
documento (m)	έγγραφο (ουδ.)	[éngrafo]
prova (f)	απόδειξη (θηλ.)	[apóðiksi]
provar (vt)	αποδεικνύω	[apoðiknío]
pegada (f)	αποτύπωμα (ουδ.)	[apotípoma]
impressões (f pl) digitais	δακτυλικά αποτυπώματα (ουδ.πλ.)	[ðaktiliká apotipómata]
prova (f)	απόδειξη (θηλ.)	[apóðiksi]
álibi (m)	άλλοθι (ουδ.)	[álʲoθi]
inocente	αθώος	[aθóos]
injustiça (f)	αδικία (θηλ.)	[aðikía]
injusto	άδικος	[áðikos]
criminal	εγκληματικός	[englimatikós]
confiscar (vt)	κατάσχω	[katásxo]
droga (f)	ναρκωτικά (ουδ.πλ.)	[narkotiká]
arma (f)	όπλο (ουδ.)	[óplʲo]
desarmar (vt)	αφοπλίζω	[afoplízo]
ordenar (vt)	διατάζω	[ðiatázo]
desaparecer (vi)	εξαφανίζομαι	[eksafanízome]
lei (f)	νόμος (αρ.)	[nómos]
legal	νόμιμος	[nómimos]
ilegal	παράνομος	[paránomos]
responsabilidade (f)	ευθύνη (θηλ.)	[efθíni]
responsável	υπεύθυνος	[ipéfθinos]

NATUREZA

A Terra. Parte 1

122. Espaço sideral

cosmos (m)	διάστημα (ουδ.)	[ðiástima]
cósmico	διαστημικός	[ðiastimikós]
espaço (m) cósmico	απώτερο διάστημα (ουδ.)	[apótero ðiástima]
mundo, universo (m)	σύμπαν (ουδ.)	[símban]
galáxia (f)	γαλαξίας (αρ.)	[ɣalʲaksías]
estrela (f)	αστέρας (αρ.)	[astéras]
constelação (f)	αστερισμός (αρ.)	[asterizmós]
planeta (m)	πλανήτης (αρ.)	[plʲanítis]
satélite (m)	δορυφόρος (αρ.)	[ðorifóros]
meteorito (m)	μετεωρίτης (αρ.)	[meteorítis]
cometa (m)	κομήτης (αρ.)	[komítis]
asteroide (m)	αστεροειδής (αρ.)	[asteroiðís]
órbita (f)	τροχιά (θηλ.)	[troxiá]
girar (vi)	περιστρέφομαι	[peristréfome]
atmosfera (f)	ατμόσφαιρα (θηλ.)	[atmósfera]
Sol (m)	Ήλιος (αρ.)	[ílios]
Sistema (m) Solar	ηλιακό σύστημα (ουδ.)	[iliakó sístima]
eclipse (m) solar	έκλειψη ηλίου (θηλ.)	[éklipsi ilíu]
Terra (f)	Γη (θηλ.)	[ji]
Lua (f)	Σελήνη (θηλ.)	[selíni]
Marte (m)	Άρης (αρ.)	[áris]
Vénus (f)	Αφροδίτη (θηλ.)	[afroðíti]
Júpiter (m)	Δίας (αρ.)	[ðías]
Saturno (m)	Κρόνος (αρ.)	[krónos]
Mercúrio (m)	Ερμής (αρ.)	[ermís]
Urano (m)	Ουρανός (αρ.)	[uranós]
Neptuno (m)	Ποσειδώνας (αρ.)	[posiðónas]
Plutão (m)	Πλούτωνας (αρ.)	[plʲútonas]
Via Láctea (f)	Γαλαξίας (αρ.)	[ɣalʲaksías]
Ursa Maior (f)	Μεγάλη Άρκτος (θηλ.)	[meɣáli árktos]
Estrela Polar (f)	Πολικός Αστέρας (αρ.)	[polikós astéras]
marciano (m)	Αρειανός (αρ.)	[arianós]
extraterrestre (m)	εξωγήινος (αρ.)	[eksojíinos]

alienígena (m)	εξωγήινος (αρ.)	[eksojíinos]
disco (m) voador	ιπτάμενος δίσκος (αρ.)	[iptámenos δískos]

nave (f) espacial	διαστημόπλοιο (ουδ.)	[δiastimóplio]
estação (f) orbital	διαστημικός σταθμός (αρ.)	[δiastimikós staθmós]
lançamento (m)	εκτόξευση (θηλ.)	[ektóksefsi]

motor (m)	κινητήρας (αρ.)	[kinitíras]
bocal (m)	ακροφύσιο (ουδ.)	[akrofísio]
combustível (m)	καύσιμο (ουδ.)	[káfsimo]

cabine (f)	πιλοτήριο (ουδ.)	[piljotírio]
antena (f)	κεραία (θηλ.)	[keréa]
vigia (f)	φινιστρίνι (ουδ.)	[finistríni]
bateria (f) solar	ηλιακός συλλέκτης (αρ.)	[iliakós siléktis]
traje (m) espacial	στολή αστροναύτη (θηλ.)	[stolí astronáfti]

imponderabilidade (f)	έλλειψη βαρύτητας (θηλ.)	[élipsi varítitas]
oxigénio (m)	οξυγόνο (ουδ.)	[oksiγóno]

acoplagem (f)	πρόσδεση (θηλ.)	[prózδesi]
fazer uma acoplagem	προσδένω	[prozδéno]

observatório (m)	αστεροσκοπείο (ουδ.)	[asteroskopío]
telescópio (m)	τηλεσκόπιο (ουδ.)	[tileskópio]
observar (vt)	παρατηρώ	[paratiró]
explorar (vt)	ερευνώ	[erevnó]

123. A Terra

Terra (f)	Γη (θηλ.)	[ji]
globo terrestre (Terra)	υδρόγειος (θηλ.)	[iδrójios]
planeta (m)	πλανήτης (αρ.)	[pljanítis]

atmosfera (f)	ατμόσφαιρα (θηλ.)	[atmósfera]
geografia (f)	γεωγραφία (θηλ.)	[jeoγrafía]
natureza (f)	φύση (θηλ.)	[físi]

globo (mapa esférico)	υδρόγειος (θηλ.)	[iδrójios]
mapa (m)	χάρτης (αρ.)	[xártis]
atlas (m)	άτλας (αρ.)	[átljas]

Europa (f)	Ευρώπη (θηλ.)	[evrópi]
Ásia (f)	Ασία (θηλ.)	[asía]

África (f)	Αφρική (θηλ.)	[afrikí]
Austrália (f)	Αυστραλία (θηλ.)	[afstralía]

América (f)	Αμερική (θηλ.)	[amerikí]
América (f) do Norte	Βόρεια Αμερική (θηλ.)	[vória amerikí]
América (f) do Sul	Νότια Αμερική (θηλ.)	[nótia amerikí]

Antártida (f)	Ανταρκτική (θηλ.)	[andarktikí]
Ártico (m)	Αρκτική (θηλ.)	[arktikí]

124. Pontos cardeais

norte (m)	βορράς (αρ.)	[vorás]
para norte	προς το βορρά	[pros to vorá]
no norte	στο βορρά	[sto vorá]
do norte	βόρειος	[vórios]
sul (m)	νότος (αρ.)	[nótos]
para sul	προς το νότο	[pros to nóto]
no sul	στο νότο	[sto nóto]
do sul	νότιος	[nótios]
oeste, ocidente (m)	δύση (θηλ.)	[ðísi]
para oeste	προς τη δύση	[pros ti ðísi]
no oeste	στη δύση	[sti ðísi]
ocidental	δυτικός	[ðitikós]
leste, oriente (m)	ανατολή (θηλ.)	[anatolí]
para leste	προς την ανατολή	[pros tin anatolí]
no leste	στην ανατολή	[stin anatolí]
oriental	ανατολικός	[anatolikós]

125. Mar. Oceano

mar (m)	θάλασσα (θηλ.)	[θálʲasa]
oceano (m)	ωκεανός (αρ.)	[okeanós]
golfo (m)	κόλπος (αρ.)	[kólʲpos]
estreito (m)	πορθμός (αρ.)	[porθmós]
continente (m)	ήπειρος (θηλ.)	[íperos]
ilha (f)	νησί (ουδ.)	[nisí]
península (f)	χερσόνησος (θηλ.)	[xersónisos]
arquipélago (m)	αρχιπέλαγος (ουδ.)	[arxipélʲaγos]
baía (f)	κόλπος (αρ.)	[kólʲpos]
porto (m)	λιμάνι (ουδ.)	[limáni]
lagoa (f)	λιμνοθάλασσα (θηλ.)	[limnoθálʲasa]
cabo (m)	ακρωτήρι (ουδ.)	[akrotíri]
atol (m)	ατόλη (θηλ.)	[atóli]
recife (m)	ύφαλος (αρ.)	[ífalʲos]
coral (m)	κοράλλι (ουδ.)	[koráli]
recife (m) de coral	κοραλλιογενής ύφαλος (αρ.)	[koraliojenís ifalʲos]
profundo	βαθύς	[vaθís]
profundidade (f)	βάθος (ουδ.)	[váθos]
abismo (m)	άβυσσος (θηλ.)	[ávisos]
fossa (f) oceânica	τάφρος (θηλ.)	[táfros]
corrente (f)	ρεύμα (ουδ.)	[révma]
banhar (vt)	περιβρέχω	[perivréxo]
litoral (m)	παραλία (θηλ.)	[paralía]
costa (f)	ακτή (θηλ.)	[aktí]

maré (f) alta	πλημμυρίδα (θηλ.)	[plimiríða]
refluxo (m), maré (f) baixa	παλίρροια (θηλ.)	[palíria]
restinga (f)	ρηχά (ουδ.πλ.)	[rixá]
fundo (m)	πάτος (αρ.)	[pátos]
onda (f)	κύμα (ουδ.)	[kíma]
crista (f) da onda	κορυφή (θηλ.)	[korifí]
espuma (f)	αφρός (αρ.)	[afrós]
tempestade (f)	καταιγίδα (θηλ.)	[katejíða]
furacão (m)	τυφώνας (αρ.)	[tifónas]
tsunami (m)	τσουνάμι (ουδ.)	[tsunámi]
calmaria (f)	νηνεμία (θηλ.)	[ninemía]
calmo	ήσυχος	[ísixos]
polo (m)	πόλος (αρ.)	[pólʲos]
polar	πολικός	[polikós]
latitude (f)	γεωγραφικό πλάτος (ουδ.)	[jeoγrafikó plʲátos]
longitude (f)	μήκος (ουδ.)	[míkos]
paralela (f)	παράλληλος (αρ.)	[parálilʲos]
equador (m)	ισημερινός (αρ.)	[isimerinós]
céu (m)	ουρανός (αρ.)	[uranós]
horizonte (m)	ορίζοντας (αρ.)	[orízondas]
ar (m)	αέρας (αρ.)	[aéras]
farol (m)	φάρος (αρ.)	[fáros]
mergulhar (vi)	βουτάω	[vutáo]
afundar-se (vr)	βυθίζομαι	[viθízome]
tesouros (m pl)	θησαυροί (αρ.πλ.)	[θisavrí]

126. Nomes de Mares e Oceanos

Oceano (m) Atlântico	Ατλαντικός Ωκεανός (αρ.)	[atlʲandikós okeanós]
Oceano (m) Índico	Ινδικός Ωκεανός (αρ.)	[inðikós okeanós]
Oceano (m) Pacífico	Ειρηνικός Ωκεανός (αρ.)	[irinikós okeanós]
Oceano (m) Ártico	Αρκτικός Ωκεανός (αρ.)	[arktikós okeanós]
Mar (m) Negro	Μαύρη Θάλασσα (θηλ.)	[mávri θálʲasa]
Mar (m) Vermelho	Ερυθρά Θάλασσα (θηλ.)	[eriθrá θálʲasa]
Mar (m) Amarelo	Κίτρινη Θάλασσα (θηλ.)	[kítrini θálʲasa]
Mar (m) Branco	Λευκή Θάλασσα (θηλ.)	[lefkí θálʲasa]
Mar (m) Cáspio	Κασπία Θάλασσα (θηλ.)	[kaspía θálʲasa]
Mar (m) Morto	Νεκρά Θάλασσα (θηλ.)	[nekrá θalʲasa]
Mar (m) Mediterrâneo	Μεσόγειος Θάλασσα (θηλ.)	[mesójios θálʲasa]
Mar (m) Egeu	Αιγαίο (ουδ.)	[ejéo]
Mar (m) Adriático	Αδριατική (θηλ.)	[aðriatikí]
Mar (m) Arábico	Αραβική Θάλασσα (θηλ.)	[aravikí θálʲasa]
Mar (m) do Japão	Ιαπωνική Θάλασσα (θηλ.)	[japonikí θálʲasa]
Mar (m) de Bering	Βερίγγειος Θάλασσα (θηλ.)	[veríngios θálʲasa]

Mar (m) da China Meridional	Νότια Κινέζικη Θάλασσα (θηλ.)	[nótia kinéziki θálʲasa]
Mar (m) de Coral	Θάλασσα των Κοραλλίων (θηλ.)	[θálʲasa tonkoralíon]
Mar (m) de Tasman	Θάλασσα της Τασμανίας (θηλ.)	[θálʲasa tis tazmanías]
Mar (m) do Caribe	Καραϊβική θάλασσα (θηλ.)	[karaivikí θálʲasa]
Mar (m) de Barents	Θάλασσα Μπάρεντς (θηλ.)	[θalʲasa bárents]
Mar (m) de Kara	Θάλασσα του Κάρα (θηλ.)	[θalʲasa tu kára]
Mar (m) do Norte	Βόρεια Θάλασσα (θηλ.)	[vória θálʲasa]
Mar (m) Báltico	Βαλτική Θάλασσα (θηλ.)	[valʲtikí θálʲasa]
Mar (m) da Noruega	Νορβηγική Θάλασσα (θηλ.)	[norvijikí θálʲasa]

127. Montanhas

montanha (f)	βουνό (ουδ.)	[vunó]
cordilheira (f)	οροσειρά (θηλ.)	[orosirá]
serra (f)	κορυφογραμμή (θηλ.)	[korifoγramí]
cume (m)	κορυφή (θηλ.)	[korifí]
pico (m)	κορυφή (θηλ.)	[korifí]
sopé (m)	πρόποδες (αρ.πλ.)	[própoðes]
declive (m)	πλαγιά (θηλ.)	[plʲajá]
vulcão (m)	ηφαίστειο (ουδ.)	[iféstio]
vulcão (m) ativo	ενεργό ηφαίστειο (ουδ.)	[eneryó iféstio]
vulcão (m) extinto	σβησμένο ηφαίστειο (ουδ.)	[svizméno iféstio]
erupção (f)	έκρηξη (θηλ.)	[ékriksi]
cratera (f)	κρατήρας (αρ.)	[kratíras]
magma (m)	μάγμα (ουδ.)	[máyma]
lava (f)	λάβα (θηλ.)	[lʲáva]
fundido (lava ~a)	πυρακτωμένος	[piraktoménos]
desfiladeiro (m)	φαράγγι (ουδ.)	[farángi]
garganta (f)	φαράγγι (ουδ.)	[farángi]
fenda (f)	ρωγμή (θηλ.)	[roymí]
passo, colo (m)	διάσελο (ουδ.)	[ðiáselʲo]
planalto (m)	οροπέδιο (ουδ.)	[oropéðio]
falésia (f)	γκρεμός (αρ.)	[gremós]
colina (f)	λόφος (αρ.)	[lʲófos]
glaciar (m)	παγετώνας (αρ.)	[pajetónas]
queda (f) d'água	καταρράκτης (αρ.)	[kataráktis]
géiser (m)	θερμοπίδακας (αρ.)	[θermopíðakas]
lago (m)	λίμνη (θηλ.)	[límni]
planície (f)	πεδιάδα (θηλ.)	[peðiáða]
paisagem (f)	τοπίο (ουδ.)	[topío]
eco (m)	ηχώ (θηλ.)	[ixó]

alpinista (m)	ορειβάτης (αρ.)	[orivátis]
escalador (m)	ορειβάτης (αρ.)	[orivátis]
conquistar (vt)	κατακτώ	[kataktó]
subida, escalada (f)	ανάβαση (θηλ.)	[anávasi]

128. Nomes de montanhas

Alpes (m pl)	Άλπεις (θηλ.πλ.)	[ál'pis]
monte Branco (m)	Λευκό Όρος (ουδ.)	[lefkó oros]
Pirineus (m pl)	Πυρηναία (ουδ.πλ.)	[pirinéa]
Cárpatos (m pl)	Καρπάθια Όρη (ουδ.πλ.)	[karpáθxa óri]
montes (m pl) Urais	Ουράλια (ουδ.πλ.)	[urália]
Cáucaso (m)	Καύκασος (αρ.)	[káfkasos]
Elbrus (m)	Ελμπρούς (ουδ.)	[el'brús]
Altai (m)	όρη Αλτάι (ουδ.πλ.)	[óri al'táj]
Pamir (m)	Παμίρ (ουδ.)	[pamír]
Himalaias (m pl)	Ιμαλάια (ουδ.πλ.)	[imal'ája]
monte (m) Everest	Έβερεστ (ουδ.)	[éverest]
Cordilheira (f) dos Andes	Άνδεις (θηλ.πλ.)	[ánðis]
Kilimanjaro (m)	Κιλιμαντζάρο (ουδ.)	[kilimandzáro]

129. Rios

rio (m)	ποταμός (αρ.)	[potamós]
fonte, nascente (f)	πηγή (θηλ.)	[pijí]
leito (m) do rio	κοίτη (θηλ.)	[kíti]
bacia (f)	λεκάνη (θηλ.)	[lekáni]
desaguar no ...	εκβάλλω στο ...	[ekvál'o sto]
afluente (m)	παραπόταμος (αρ.)	[parapótamos]
margem (do rio)	ακτή (θηλ.)	[aktí]
corrente (f)	ρεύμα (ουδ.)	[révma]
rio abaixo	στη φορά του ρεύματος	[sti forá tu révmatos]
rio acima	κόντρα στο ρεύμα	[kóndra sto révma]
inundação (f)	πλημμύρα (θηλ.)	[plimíra]
cheia (f)	ξεχείλισμα (ουδ.)	[ksexílizma]
transbordar (vi)	πλημμυρίζω	[plimirízo]
inundar (vt)	πλημμυρίζω	[plimirízo]
banco (m) de areia	ρηχά (ουδ.πλ.)	[rixá]
rápidos (m pl)	ορμητικό ρεύμα (ουδ.)	[ormitikó révma]
barragem (f)	φράγμα (ουδ.)	[fráɣma]
canal (m)	κανάλι (ουδ.)	[kanáli]
reservatório (m) de água	ταμιευτήρας (αρ.)	[tamieftíras]
eclusa (f)	θυρόφραγμα (ουδ.)	[θirófraɣma]
corpo (m) de água	νερόλακκος (αρ.)	[neról'akos]

pântano (m)	έλος (ουδ.)	[élʲos]
tremedal (m)	βάλτος (αρ.)	[válʲtos]
remoinho (m)	δίνη (θηλ.)	[ðíni]

arroio, regato (m)	ρυάκι (ουδ.)	[riáki]
potável	πόσιμο	[pósimo]
doce (água)	γλυκό	[ɣlikó]

| gelo (m) | πάγος (αρ.) | [páɣos] |
| congelar-se (vr) | παγώνω | [paɣóno] |

130. Nomes de rios

| rio Sena (m) | Σηκουάνας (αρ.) | [sikuánas] |
| rio Loire (m) | Λίγηρας (αρ.) | [líʝiras] |

rio Tamisa (m)	Τάμεσης (αρ.)	[támesis]
rio Reno (m)	Ρήνος (αρ.)	[rínos]
rio Danúbio (m)	Δούναβης (αρ.)	[ðúnavis]

rio Volga (m)	Βόλγας (αρ.)	[vólʲɣas]
rio Don (m)	Ντον (αρ.)	[don]
rio Lena (m)	Λένας (αρ.)	[lénas]

rio Amarelo (m)	Κίτρινος Ποταμός (αρ.)	[kítrinos potamós]
rio Yangtzé (m)	Γιανγκτσέ (αρ.)	[ȷangtsé]
rio Mekong (m)	Μεκόνγκ (αρ.)	[mekóng]
rio Ganges (m)	Γάγγης (αρ.)	[ɣángis]

rio Nilo (m)	Νείλος (αρ.)	[nílʲos]
rio Congo (m)	Κονγκό (αρ.)	[kongó]
rio Cubango (m)	Οκαβάνγκο (αρ.)	[okavángo]
rio Zambeze (m)	Ζαμβέζης (αρ.)	[zamvézis]
rio Limpopo (m)	Λιμπόπο (αρ.)	[limbópo]
rio Mississípi (m)	Μισισιπής (αρ.)	[misisipís]

131. Floresta

| floresta (f), bosque (m) | δάσος (ουδ.) | [ðásos] |
| florestal | του δάσους | [tu ðásus] |

mata (f) cerrada	πυκνό δάσος (ουδ.)	[piknó ðásos]
arvoredo (m)	άλσος (ουδ.)	[álʲsos]
clareira (f)	ξέφωτο (ουδ.)	[kséfoto]

| matagal (m) | λόχμη (θηλ.) | [lʲóxmi] |
| mato (m) | θαμνότοπος (αρ.) | [θamnótopos] |

vereda (f)	μονοπάτι (ουδ.)	[monopáti]
ravina (f)	χαράδρα (θηλ.)	[xaráðra]
árvore (f)	δέντρο (ουδ.)	[ðéndro]
folha (f)	φύλλο (ουδ.)	[fílʲo]

folhagem (f)	φύλλωμα (ουδ.)	[fílioma]
queda (f) das folhas	φυλλοβολία (θηλ.)	[filiovolía]
cair (vi)	πέφτω	[péfto]
topo (m)	κορυφή (θηλ.)	[korifí]

ramo (m)	κλαδί (ουδ.)	[kladí]
galho (m)	μεγάλο κλαδί (ουδ.)	[meyálio klíadí]
botão, rebento (m)	μπουμπούκι (ουδ.)	[bubúki]
agulha (f)	βελόνα (θηλ.)	[velióna]
pinha (f)	κουκουνάρι (ουδ.)	[kukunári]

buraco (m) de árvore	φωλιά στο δέντρο (θηλ.)	[foliá sto ðéndro]
ninho (m)	φωλιά (θηλ.)	[foliá]
toca (f)	φωλιά (θηλ.), λαγούμι (ουδ.)	[foliá], [liaγúmi]

tronco (m)	κορμός (αρ.)	[kormós]
raiz (f)	ρίζα (θηλ.)	[ríza]
casca (f) de árvore	φλοιός (αρ.)	[fliós]
musgo (m)	βρύο (ουδ.)	[vrío]

arrancar pela raiz	ξεριζώνω	[kserizóno]
cortar (vt)	κόβω	[kóvo]
desflorestar (vt)	αποψιλώνω	[apopsilióno]
toco, cepo (m)	κομμένος κορμός (αρ.)	[koménos kormós]

fogueira (f)	φωτιά (θηλ.)	[fotiá]
incêndio (m) florestal	πυρκαγιά (θηλ.)	[pirkajá]
apagar (vt)	σβήνω	[zvíno]

guarda-florestal (m)	δασοφύλακας (αρ.)	[ðasofíliakas]
proteção (f)	προστασία (θηλ.)	[prostasía]
proteger (a natureza)	προστατεύω	[prostatévo]
caçador (m) furtivo	λαθροθήρας (αρ.)	[liaθroθíras]
armadilha (f)	δόκανο (ουδ.)	[ðókano]

| colher (cogumelos, bagas) | μαζεύω | [mazévo] |
| perder-se (vr) | χάνομαι | [xánome] |

132. Recursos naturais

recursos (m pl) naturais	φυσικοί πόροι (αρ.πλ.)	[fisikí póri]
minerais (m pl)	ορυκτά (ουδ.πλ.)	[oriktá]
depósitos (m pl)	κοιτάσματα (ουδ.πλ.)	[kitázmata]
jazida (f)	κοίτασμα (ουδ.)	[kítazma]

extrair (vt)	εξορύσσω	[eksoríso]
extração (f)	εξόρυξη (θηλ.)	[eksóriksi]
minério (m)	μετάλλευμα (ουδ.)	[metálevma]
mina (f)	μεταλλείο, ορυχείο (ουδ.)	[metalío], [orixío]
poço (m) de mina	φρεάτιο ορυχείου (ουδ.)	[freátio orixíu]
mineiro (m)	ανθρακωρύχος (αρ.)	[anθrakoríxos]

| gás (m) | αέριο (ουδ.) | [aério] |
| gasoduto (m) | αγωγός αερίου (αρ.) | [aγoγós aeríu] |

petróleo (m)	πετρέλαιο (ουδ.)	[petréleo]
oleoduto (m)	πετρελαιαγωγός (αρ.)	[petreleaγoγós]
poço (m) de petróleo	πετρελαιοπηγή (θηλ.)	[petreleopiȷ́í]
torre (f) petrolífera	πύργος διατρήσεων (αρ.)	[píryos ðiatríseon]
petroleiro (m)	τάνκερ (ουδ.)	[tánker]

areia (f)	άμμος (θηλ.)	[ámos]
calcário (m)	ασβεστόλιθος (αρ.)	[asvestóliθos]
cascalho (m)	χαλίκι (ουδ.)	[xalíki]
turfa (f)	τύρφη (θηλ.)	[tírfi]
argila (f)	πηλός (αρ.)	[pilʲós]
carvão (m)	γαιάνθρακας (αρ.)	[γeánθrakas]

ferro (m)	σιδηρομετάλλευμα (ουδ.)	[siðirometálevma]
ouro (m)	χρυσάφι (ουδ.)	[xrisáfi]
prata (f)	ασήμι (ουδ.)	[asími]
níquel (m)	νικέλιο (ουδ.)	[nikélio]
cobre (m)	χαλκός (αρ.)	[xalʲkós]

zinco (m)	ψευδάργυρος (αρ.)	[psevðárȷiros]
manganês (m)	μαγγάνιο (ουδ.)	[mangánio]
mercúrio (m)	υδράργυρος (αρ.)	[iðrárȷiros]
chumbo (m)	μόλυβδος (αρ.)	[mólivðos]

mineral (m)	ορυκτό (ουδ.)	[oriktó]
cristal (m)	κρύσταλλος (αρ.)	[krístalʲos]
mármore (m)	μάρμαρο (ουδ.)	[mármaro]
urânio (m)	ουράνιο (ουδ.)	[uránio]

A Terra. Parte 2

133. Tempo

Português	Grego	Transliteração
tempo (m)	καιρός (αρ.)	[kerós]
previsão (f) do tempo	πρόγνωση καιρού (θηλ.)	[próγnosi kerú]
temperatura (f)	θερμοκρασία (θηλ.)	[θermokrasía]
termómetro (m)	θερμόμετρο (ουδ.)	[θermómetro]
barómetro (m)	βαρόμετρο (ουδ.)	[varómetro]
humidade (f)	υγρασία (θηλ.)	[iγrasía]
calor (m)	ζέστη (θηλ.)	[zésti]
cálido	ζεστός, καυτός	[zestós], [kaftós]
está muito calor	κάνει ζέστη	[káni zésti]
está calor	κάνει ζέστη	[káni zésti]
quente	ζεστός	[zestós]
está frio	κάνει κρύο	[káni krío]
frio	κρύος	[kríos]
sol (m)	ήλιος (αρ.)	[ílios]
brilhar (vi)	λάμπω	[lʲámbo]
de sol, ensolarado	ηλιόλουστος	[iliólʲustos]
nascer (vi)	ανατέλλω	[anatélʲo]
pôr-se (vr)	δύω	[ðío]
nuvem (f)	σύννεφο (ουδ.)	[sínefo]
nublado	συννεφιασμένος	[sinefiazménos]
nuvem (f) preta	μαύρο σύννεφο (ουδ.)	[mávro sínefo]
escuro, cinzento	συννεφιασμένος	[sinefiazménos]
chuva (f)	βροχή (θηλ.)	[vroxí]
está a chover	βρέχει	[vréxi]
chuvoso	βροχερός	[vroxerós]
chuviscar (vi)	ψιχαλίζει	[psixalízi]
chuva (f) torrencial	δυνατή βροχή (θηλ.)	[ðinatí vroxí]
chuvada (f)	νεροποντή (θηλ.)	[neropondí]
forte (chuva)	δυνατός	[ðinatós]
poça (f)	λακκούβα (θηλ.)	[lʲakúva]
molhar-se (vr)	βρέχομαι	[vréxome]
nevoeiro (m)	ομίχλη (θηλ.)	[omíxli]
de nevoeiro	ομιχλώδης	[omixlʲóðis]
neve (f)	χιόνι (ουδ.)	[xóni]
está a nevar	χιονίζει	[xonízi]

134. Tempo extremo. Catástrofes naturais

trovoada (f)	καταιγίδα (θηλ.)	[katejíða]
relâmpago (m)	αστραπή (θηλ.)	[astrapí]
relampejar (vi)	αστράπτω	[astrápto]
trovão (m)	βροντή (θηλ.)	[vrondí]
trovejar (vi)	βροντάω	[vrondáo]
está a trovejar	βροντάει	[vrondái]
granizo (m)	χαλάζι (ουδ.)	[xalʲázi]
está a cair granizo	ρίχνει χαλάζι	[ríxni xalʲázi]
inundar (vt)	πλημμυρίζω	[plimirízo]
inundação (f)	πλημμύρα (θηλ.)	[plimíra]
terremoto (m)	σεισμός (αρ.)	[sizmós]
abalo, tremor (m)	δόνηση (θηλ.)	[ðónisi]
epicentro (m)	επίκεντρο (ουδ.)	[epíkendro]
erupção (f)	έκρηξη (θηλ.)	[ékriksi]
lava (f)	λάβα (θηλ.)	[lʲáva]
turbilhão (m)	ανεμοστρόβιλος (αρ.)	[anemostróvilʲos]
tornado (m)	σίφουνας (αρ.)	[sífunas]
tufão (m)	τυφώνας (αρ.)	[tifónas]
furacão (m)	τυφώνας (αρ.)	[tifónas]
tempestade (f)	καταιγίδα (θηλ.)	[katejíða]
tsunami (m)	τσουνάμι (ουδ.)	[tsunámi]
ciclone (m)	κυκλώνας (αρ.)	[kiklʲónas]
mau tempo (m)	κακοκαιρία (θηλ.)	[kakokería]
incêndio (m)	φωτιά, πυρκαγιά (θηλ.)	[fotiá], [pirkajá]
catástrofe (f)	καταστροφή (θηλ.)	[katastrofí]
meteorito (m)	μετεωρίτης (αρ.)	[meteorítis]
avalanche (f)	χιονοστιβάδα (θηλ.)	[xonostiváða]
deslizamento (m) de neve	χιονοστιβάδα (θηλ.)	[xonostiváða]
nevasca (f)	χιονοθύελλα (θηλ.)	[xonoθíelʲa]
tempestade (f) de neve	χιονοθύελλα (θηλ.)	[xonoθíelʲa]

Fauna

135. Mamíferos. Predadores

predador (m)	θηρευτής (ουδ.)	[θireftís]
tigre (m)	τίγρη (θηλ.), τίγρης (αρ.)	[tíγri], [tíγris]
leão (m)	λιοντάρι (ουδ.)	[liondári]
lobo (m)	λύκος (αρ.)	[líkos]
raposa (f)	αλεπού (θηλ.)	[alepú]
jaguar (m)	ιαγουάρος (αρ.)	[jaγuáros]
leopardo (m)	λεοπάρδαλη (θηλ.)	[leopárðali]
chita (f)	γατόπαρδος (αρ.)	[γatóparðos]
pantera (f)	πάνθηρας (αρ.)	[pánθiras]
puma (m)	πούμα (ουδ.)	[púma]
leopardo-das-neves (m)	λεοπάρδαλη (θηλ.) των χιόνων	[leopárðali ton xiónon]
lince (m)	λύγκας (αρ.)	[língas]
coiote (m)	κογιότ (ουδ.)	[kojiót]
chacal (m)	τσακάλι (ουδ.)	[tsakáli]
hiena (f)	ύαινα (θηλ.)	[íena]

136. Animais selvagens

animal (m)	ζώο (ουδ.)	[zóo]
besta (f)	θηρίο (ουδ.)	[θirío]
esquilo (m)	σκίουρος (αρ.)	[skíuros]
ouriço (m)	σκαντζόχοιρος (αρ.)	[skandzóxiros]
lebre (f)	λαγός (αρ.)	[lʲaγós]
coelho (m)	κουνέλι (ουδ.)	[kunéli]
texugo (m)	ασβός (αρ.)	[azvós]
guaxinim (m)	ρακούν (ουδ.)	[rakún]
hamster (m)	χάμστερ (ουδ.)	[xámster]
marmota (f)	μυωξός (αρ.)	[mioksós]
toupeira (f)	τυφλοπόντικας (αρ.)	[tiflʲopóndikas]
rato (m)	ποντίκι (ουδ.)	[pondíki]
ratazana (f)	αρουραίος (αρ.)	[aruréos]
morcego (m)	νυχτερίδα (θηλ.)	[nixteríða]
arminho (m)	ερμίνα (θηλ.)	[ermína]
zibelina (f)	σαμούρι (ουδ.)	[samúri]
marta (f)	κουνάβι (ουδ.)	[kunávi]
doninha (f)	νυφίτσα (θηλ.)	[nifítsa]

vison (m)	βιζόν (ουδ.)	[vizón]
castor (m)	κάστορας (αρ.)	[kástoras]
lontra (f)	ενυδρίδα (θηλ.)	[eniðríða]
cavalo (m)	άλογο (ουδ.)	[álʲoɣo]
alce (m)	άλκη (θηλ.)	[álʲki]
veado (m)	ελάφι (ουδ.)	[elʲáfi]
camelo (m)	καμήλα (θηλ.)	[kamílʲa]
bisão (m)	βίσονας (αρ.)	[vísonas]
auroque (m)	βόνασος (αρ.)	[vónasos]
búfalo (m)	βούβαλος (αρ.)	[vúvalʲos]
zebra (f)	ζέβρα (θηλ.)	[zévra]
antílope (m)	αντιλόπη (θηλ.)	[andilʲópi]
corça (f)	ζαρκάδι (ουδ.)	[zarkáði]
gamo (m)	ντάμα ντάμα (ουδ.)	[dáma dáma]
camurça (f)	αγριόγιδο (ουδ.)	[aɣrióɣiðo]
javali (m)	αγριογούρουνο (αρ.)	[aɣrioɣúruno]
baleia (f)	φάλαινα (θηλ.)	[fálena]
foca (f)	φώκια (θηλ.)	[fókia]
morsa (f)	θαλάσσιος ίππος (αρ.)	[θalʲásios ípos]
urso-marinho (m)	γουνοφόρα φώκια (θηλ.)	[ɣunofóra fóka]
golfinho (m)	δελφίνι (ουδ.)	[ðelʲfíni]
urso (m)	αρκούδα (θηλ.)	[arkúða]
urso (m) branco	πολική αρκούδα (θηλ.)	[polikí arkúða]
panda (m)	πάντα (ουδ.)	[pánda]
macaco (em geral)	μαϊμού (θηλ.)	[majmú]
chimpanzé (m)	χιμπαντζής (ουδ.)	[xibadzís]
orangotango (m)	ουραγκοτάγκος (αρ.)	[urangotángos]
gorila (m)	γορίλας (αρ.)	[ɣorílʲas]
macaco (m)	μακάκας (αρ.)	[makákas]
gibão (m)	γίββωνας (αρ.)	[jívonas]
elefante (m)	ελέφαντας (αρ.)	[eléfandas]
rinoceronte (m)	ρινόκερος (αρ.)	[rinókeros]
girafa (f)	καμηλοπάρδαλη (θηλ.)	[kamilʲopárðali]
hipopótamo (m)	ιπποπόταμος (αρ.)	[ipopótamos]
canguru (m)	καγκουρό (ουδ.)	[kanguró]
coala (m)	κοάλα (ουδ.)	[koálʲa]
mangusto (m)	μαγκούστα (θηλ.)	[mangústa]
chinchila (m)	τσιντσιλά (ουδ.)	[tsintsilʲá]
doninha-fedorenta (f)	μεφίτιδα (θηλ.)	[mefítiða]
porco-espinho (m)	ακανθόχοιρος (αρ.)	[akanθóxiros]

137. Animais domésticos

gata (f)	γάτα (θηλ.)	[ɣáta]
gato (m) macho	γάτος (αρ.)	[ɣátos]

cão (m)	σκύλος (αρ.)	[skíljos]
cavalo (m)	άλογο (ουδ.)	[áljoγo]
garanhão (m)	επιβήτορας (αρ.)	[epivítoras]
égua (f)	φοράδα (θηλ.)	[foráða]
vaca (f)	αγελάδα (θηλ.)	[ajeljáða]
touro (m)	ταύρος (αρ.)	[távros]
boi (m)	βόδι (ουδ.)	[vóði]
ovelha (f)	πρόβατο (ουδ.)	[próvato]
carneiro (m)	κριάρι (ουδ.)	[kriári]
cabra (f)	κατσίκα, γίδα (θηλ.)	[katsíka], [jíða]
bode (m)	τράγος (αρ.)	[tráγos]
burro (m)	γάιδαρος (αρ.)	[γáiðaros]
mula (f)	μουλάρι (ουδ.)	[muljári]
porco (m)	γουρούνι (ουδ.)	[γurúni]
leitão (m)	γουρουνάκι (ουδ.)	[γurunáki]
coelho (m)	κουνέλι (ουδ.)	[kunéli]
galinha (f)	κότα (θηλ.)	[kóta]
galo (m)	πετεινός, κόκορας (αρ.)	[petinós], [kókoras]
pata (f)	πάπια (θηλ.)	[pápia]
pato (macho)	αρσενική πάπια (θηλ.)	[arsenikí pápia]
ganso (m)	χήνα (θηλ.)	[xína]
peru (m)	γάλος (αρ.)	[γáljos]
perua (f)	γαλοπούλα (θηλ.)	[γaljopúlja]
animais (m pl) domésticos	κατοικίδια (ουδ.πλ.)	[katikíðia]
domesticado	κατοικίδιος	[katikíðios]
domesticar (vt)	δαμάζω	[ðamázo]
criar (vt)	εκτρέφω	[ektréfo]
quinta (f)	αγρόκτημα (ουδ.)	[aγróktima]
aves (f pl) domésticas	πουλερικό (ουδ.)	[pulerikó]
gado (m)	βοοειδή (ουδ.πλ.)	[vooiðí]
rebanho (m), manada (f)	κοπάδι (ουδ.)	[kopáði]
estábulo (m)	στάβλος (αρ.)	[stávljos]
pocilga (f)	χοιροστάσιο (ουδ.)	[xirostásio]
estábulo (m)	βουστάσιο (ουδ.)	[vustásio]
coelheira (f)	κλουβί κουνελιού (ουδ.)	[kljuví kuneliú]
galinheiro (m)	κοτέτσι (ουδ.)	[kotétsi]

138. Pássaros

pássaro (m), ave (f)	πουλί (ουδ.)	[pulí]
pombo (m)	περιστέρι (ουδ.)	[peristéri]
pardal (m)	σπουργίτι (ουδ.)	[spurjíti]
chapim-real (m)	καλόγερος (αρ.)	[kaljójeros]
pega-rabuda (f)	καρακάξα (θηλ.)	[karakáksa]

corvo (m)	κόρακας (αρ.)	[kórakas]
gralha (f) cinzenta	κουρούνα (θηλ.)	[kurúna]
gralha-de-nuca-cinzenta (f)	κάργα (θηλ.)	[kárγa]
gralha-calva (f)	χαβαρόνι (ουδ.)	[xavaróni]
pato (m)	πάπια (θηλ.)	[pápia]
ganso (m)	χήνα (θηλ.)	[xína]
faisão (m)	φασιανός (αρ.)	[fasianós]
águia (f)	αετός (αρ.)	[aetós]
açor (m)	γεράκι (ουδ.)	[jeráki]
falcão (m)	γεράκι (ουδ.)	[jeráki]
abutre (m)	γύπας (αρ.)	[jípas]
condor (m)	κόνδορας (αρ.)	[kónðoras]
cisne (m)	κύκνος (αρ.)	[kíknos]
grou (m)	γερανός (αρ.)	[jeranós]
cegonha (f)	πελαργός (αρ.)	[pelʲarγós]
papagaio (m)	παπαγάλος (αρ.)	[papaγálʲos]
beija-flor (m)	κολιμπρί (ουδ.)	[kolibrí]
pavão (m)	παγόνι (ουδ.)	[paγóni]
avestruz (m)	στρουθοκάμηλος (αρ.)	[struθokámilʲos]
garça (f)	τσικνιάς (αρ.)	[tsikniás]
flamingo (m)	φλαμίγκο (ουδ.)	[flʲamíngo]
pelicano (m)	πελεκάνος (αρ.)	[pelekános]
rouxinol (m)	αηδόνι (ουδ.)	[aiðóni]
andorinha (f)	χελιδόνι (ουδ.)	[xeliðóni]
tordo-zornal (m)	τσίχλα (θηλ.)	[tsíxlʲa]
tordo-músico (m)	κελαηδότσιχλα (θηλ.)	[kelaiðótsixlʲa]
melro-preto (m)	κοτσύφι (ουδ.)	[kotsífi]
andorinhão (m)	σταχτάρα (θηλ.)	[staxtára]
cotovia (f)	κορυδαλλός (αρ.)	[koriðalʲós]
codorna (f)	ορτύκι (ουδ.)	[ortíki]
pica-pau (m)	δρυοκολάπτης (αρ.)	[ðriokolʲáptis]
cuco (m)	κούκος (αρ.)	[kúkos]
coruja (f)	κουκουβάγια (θηλ.)	[kukuvája]
corujão, bufo (m)	μπούφος (αρ.)	[búfos]
tetraz-grande (m)	αγριόκουρκος (αρ.)	[aγriókurkos]
tetraz-lira (m)	λυροπετεινός (αρ.)	[liropetinós]
perdiz-cinzenta (f)	πέρδικα (θηλ.)	[pérðika]
estorninho (m)	ψαρόνι (ουδ.)	[psaróni]
canário (m)	καναρίνι (ουδ.)	[kanaríni]
galinha-do-mato (f)	αγριόκοτα (θηλ.)	[aγriókota]
tentilhão (m)	σπίνος (αρ.)	[spínos]
dom-fafe (m)	πύρρουλα (αρ.)	[pírulʲa]
gaivota (f)	γλάρος (αρ.)	[γlʲáros]
albatroz (m)	άλμπατρος (ουδ.)	[álʲbatros]
pinguim (m)	πιγκουίνος (αρ.)	[pinguínos]

139. Peixes. Animais marinhos

brema (f)	αβραμίδα (θηλ.)	[avramíða]
carpa (f)	κυπρίνος (αρ.)	[kiprínos]
perca (f)	πέρκα (θηλ.)	[pérka]
siluro (m)	γουλιανός (αρ.)	[γulianós]
lúcio (m)	λούτσος (αρ.)	[lʲútsos]

salmão (m)	σολομός (αρ.)	[solʲomós]
esturjão (m)	οξύρυγχος (αρ.)	[oksírinxos]

arenque (m)	ρέγγα (θηλ.)	[rénga]
salmão (m)	σολομός του Ατλαντικού (αρ.)	[solʲomós tu atlʲandikú]
cavala, sarda (f)	σκουμπρί (ουδ.)	[skumbrí]
solha (f)	πλατύψαρο (ουδ.)	[plʲatípsaro]

lúcio perca (m)	ποταμολάβρακο (ουδ.)	[potamolʲávrako]
bacalhau (m)	μπακαλιάρος (αρ.)	[bakaliáros]
atum (m)	τόνος (αρ.)	[tónos]
truta (f)	πέστροφα (θηλ.)	[péstrofa]

enguia (f)	χέλι (ουδ.)	[xéli]
raia elétrica (f)	μουδιάστρα (θηλ.)	[muðiástra]
moreia (f)	σμέρνα (θηλ.)	[zmérna]
piranha (f)	πιράνχας (ουδ.)	[piránxas]

tubarão (m)	καρχαρίας (αρ.)	[karxarías]
golfinho (m)	δελφίνι (ουδ.)	[ðelʲfíni]
baleia (f)	φάλαινα (θηλ.)	[fálena]

caranguejo (m)	καβούρι (ουδ.)	[kavúri]
medusa, alforreca (f)	μέδουσα (θηλ.)	[méðusa]
polvo (m)	χταπόδι (ουδ.)	[xtapóði]

estrela-do-mar (f)	αστερίας (αρ.)	[asterías]
ouriço-do-mar (m)	αχινός (αρ.)	[axinós]
cavalo-marinho (m)	ιππόκαμπος (αρ.)	[ipókambos]

ostra (f)	στρείδι (ουδ.)	[stríði]
camarão (m)	γαρίδα (θηλ.)	[γaríða]
lavagante (m)	αστακός (αρ.)	[astakós]
lagosta (f)	ακανθωτός αστακός (αρ.)	[akanθotós astakós]

140. Amfíbios. Répteis

serpente, cobra (f)	φίδι (ουδ.)	[fíði]
venenoso	δηλητηριώδης	[ðilitirióðis]

víbora (f)	οχιά (θηλ.)	[oxiá]
cobra-capelo, naja (f)	κόμπρα (θηλ.)	[kóbra]
pitão (m)	πύθωνας (αρ.)	[píθonas]
jiboia (f)	βόας (αρ.)	[vóas]

cobra-de-água (f)	νερόφιδο (ουδ.)	[nerófiðo]
cascavel (f)	κροταλίας (αρ.)	[krotalías]
anaconda (f)	ανακόντα (θηλ.)	[anakónda]
lagarto (m)	σαύρα (θηλ.)	[sávra]
iguana (f)	ιγκουάνα (θηλ.)	[iguána]
varano (m)	βαράνος (αρ.)	[varános]
salamandra (f)	σαλαμάντρα (θηλ.)	[salʲamándra]
camaleão (m)	χαμαιλέοντας (αρ.)	[xameléondas]
escorpião (m)	σκορπιός (αρ.)	[skorpiós]
tartaruga (f)	χελώνα (θηλ.)	[xelʲóna]
rã (f)	βάτραχος (αρ.)	[vátraxos]
sapo (m)	φρύνος (αρ.)	[frínos]
crocodilo (m)	κροκόδειλος (αρ.)	[krokóðilʲos]

141. Insetos

inseto (m)	έντομο (ουδ.)	[éndomo]
borboleta (f)	πεταλούδα (θηλ.)	[petalʲúða]
formiga (f)	μυρμήγκι (ουδ.)	[mirmíngi]
mosca (f)	μύγα (θηλ.)	[míɣa]
mosquito (m)	κουνούπι (ουδ.)	[kunúpi]
escaravelho (m)	σκαθάρι (ουδ.)	[skaθári]
vespa (f)	σφήκα (θηλ.)	[sfíka]
abelha (f)	μέλισσα (θηλ.)	[mélisa]
mamangava (f)	βομβίνος (αρ.)	[vomvínos]
moscardo (m)	οίστρος (αρ.)	[ístros]
aranha (f)	αράχνη (θηλ.)	[aráxni]
teia (f) de aranha	ιστός αράχνης (αρ.)	[istós aráxnis]
libélula (f)	λιβελούλα (θηλ.)	[livelʲúlʲa]
gafanhoto-do-campo (m)	ακρίδα (θηλ.)	[akríða]
traça (f)	νυχτοπεταλούδα (θηλ.)	[nixtopetalʲúða]
barata (f)	κατσαρίδα (θηλ.)	[katsaríða]
carraça (f)	ακάρι (ουδ.)	[akári]
pulga (f)	ψύλλος (αρ.)	[psílʲos]
borrachudo (m)	μυγάκι (ουδ.)	[miɣáki]
gafanhoto (m)	ακρίδα (θηλ.)	[akríða]
caracol (m)	σαλιγκάρι (ουδ.)	[salingári]
grilo (m)	γρύλος (αρ.)	[ɣrílʲos]
pirilampo (m)	πυγολαμπίδα (θηλ.)	[piɣolʲambíða]
joaninha (f)	πασχαλίτσα (θηλ.)	[pasxalítsa]
besouro (m)	μηλολόνθη (θηλ.)	[milʲolʲónθi]
sanguessuga (f)	βδέλλα (θηλ.)	[vðélʲa]
lagarta (f)	κάμπια (θηλ.)	[kámbia]
minhoca (f)	σκουλήκι (ουδ.)	[skulíki]
larva (f)	σκώληκας (αρ.)	[skólikas]

Flora

142. Árvores

árvore (f)	δέντρο (ουδ.)	[ðéndro]
decídua	φυλλοβόλος	[filʲovólʲos]
conífera	κωνοφόρος	[konofóros]
perene	αειθαλής	[aiθalís]
macieira (f)	μηλιά (θηλ.)	[miliá]
pereira (f)	αχλαδιά (θηλ.)	[axlʲaðiá]
cerejeira (f)	κερασιά (θηλ.)	[kerasiá]
ginjeira (f)	βυσσινιά (θηλ.)	[visiniá]
ameixeira (f)	δαμασκηνιά (θηλ.)	[ðamaskiniá]
bétula (f)	σημύδα (θηλ.)	[simíða]
carvalho (m)	βελανιδιά (θηλ.)	[velʲaniðiá]
tília (f)	φλαμουριά (θηλ.)	[flʲamuriá]
choupo-tremedor (m)	λεύκα (θηλ.)	[léfka]
bordo (m)	σφεντάμι (ουδ.)	[sfendámi]
espruce-europeu (m)	έλατο (ουδ.)	[élʲato]
pinheiro (m)	πεύκο (ουδ.)	[péfko]
alerce, lariço (m)	λάριξ (θηλ.)	[lʲáriks]
abeto (m)	ελάτη (θηλ.)	[elʲáti]
cedro (m)	κέδρος (αρ.)	[kéðros]
choupo, álamo (m)	λεύκα (θηλ.)	[léfka]
tramazeira (f)	σουρβιά (θηλ.)	[surviá]
salgueiro (m)	ιτιά (θηλ.)	[itiá]
amieiro (m)	σκλήθρα (θηλ.)	[sklíθra]
faia (f)	οξιά (θηλ.)	[oksiá]
ulmeiro (m)	φτελιά (θηλ.)	[fteliá]
freixo (m)	μέλεγος (αρ.)	[méleɣos]
castanheiro (m)	καστανιά (θηλ.)	[kastaniá]
magnólia (f)	μανόλια (θηλ.)	[manólia]
palmeira (f)	φοίνικας (αρ.)	[fínikas]
cipreste (m)	κυπαρίσσι (ουδ.)	[kiparísi]
mangue (m)	μανγκρόβιο (ουδ.)	[mangróvio]
embondeiro, baobá (m)	μπάομπαμπ (ουδ.)	[báobab]
eucalipto (m)	ευκάλυπτος (αρ.)	[efkáliptos]
sequoia (f)	σεκόγια (θηλ.)	[sekója]

143. Arbustos

arbusto (m)	θάμνος (αρ.)	[θámnos]
arbusto (m), moita (f)	θάμνος (αρ.)	[θámnos]

videira (f)	αμπέλι (ουδ.)	[ambéli]
vinhedo (m)	αμπέλι (ουδ.)	[ambéli]
framboeseira (f)	σμεουριά (θηλ.)	[zmeuriá]
groselheira-vermelha (f)	κόκκινο φραγκοστάφυλο (ουδ.)	[kókino frangostáfiljo]
groselheira (f) espinhosa	λαγοκέρασο (ουδ.)	[ljaγokéraso]
acácia (f)	ακακία (θηλ.)	[akakía]
bérberis (f)	βερβερίδα (θηλ.)	[ververíða]
jasmim (m)	γιασεμί (ουδ.)	[jasemí]
junípero (m)	άρκευθος (θηλ.)	[árkefθos]
roseira (f)	τριανταφυλλιά (θηλ.)	[triandafiliá]
roseira (f) brava	αγριοτριανταφυλλιά (θηλ.)	[aγriotriandafiliá]

144. Frutos. Bagas

maçã (f)	μήλο (ουδ.)	[míljo]
pera (f)	αχλάδι (ουδ.)	[axljáði]
ameixa (f)	δαμάσκηνο (ουδ.)	[ðamáskino]
morango (m)	φράουλα (θηλ.)	[fráulja]
ginja (f)	βύσσινο (ουδ.)	[vísino]
cereja (f)	κεράσι (ουδ.)	[kerási]
uva (f)	σταφύλι (ουδ.)	[stafíli]
framboesa (f)	σμέουρο (ουδ.)	[zméuro]
groselha (f) preta	μαύρο φραγκοστάφυλο (ουδ.)	[mávro frangostáfiljo]
groselha (f) vermelha	κόκκινο φραγκοστάφυλο (ουδ.)	[kókino frangostáfiljo]
groselha (f) espinhosa	λαγοκέρασο (ουδ.)	[ljaγokéraso]
oxicoco (m)	κράνμπερι (ουδ.)	[kránberi]
laranja (f)	πορτοκάλι (ουδ.)	[portokáli]
tangerina (f)	μανταρίνι (ουδ.)	[mandaríni]
ananás (m)	ανανάς (αρ.)	[ananás]
banana (f)	μπανάνα (θηλ.)	[banána]
tâmara (f)	χουρμάς (αρ.)	[xurmás]
limão (m)	λεμόνι (ουδ.)	[lemóni]
damasco (m)	βερίκοκο (ουδ.)	[veríkoko]
pêssego (m)	ροδάκινο (ουδ.)	[roðákino]
kiwi (m)	ακτινίδιο (ουδ.)	[aktiníðio]
toranja (f)	γκρέιπφρουτ (ουδ.)	[gréjpfrut]
baga (f)	μούρο (ουδ.)	[múro]
bagas (f pl)	μούρα (ουδ.πλ.)	[múra]
morango-silvestre (m)	χαμοκέρασο (ουδ.)	[kxamokéraso]
mirtilo (m)	μύρτιλλο (ουδ.)	[mírtiljo]

145. Flores. Plantas

flor (f)	λουλούδι (ουδ.)	[lulúði]
ramo (m) de flores	ανθοδέσμη (θηλ.)	[anθoðézmi]

rosa (f)	τριαντάφυλλο (ουδ.)	[triandáfilo]
tulipa (f)	τουλίπα (θηλ.)	[tulípa]
cravo (m)	γαρίφαλο (ουδ.)	[ɣarífalo]
gladíolo (m)	γλαδιόλα (θηλ.)	[ɣlaðióla]

centáurea (f)	κενταύρια (θηλ.)	[kentávria]
campânula (f)	καμπανούλα (θηλ.)	[kampanúla]
dente-de-leão (m)	ταραξάκο (ουδ.)	[taraksáko]
camomila (f)	χαμομήλι (ουδ.)	[xamomíli]

aloé (m)	αλόη (θηλ.)	[alói]
cato (m)	κάκτος (αρ.)	[káktos]
fícus (m)	φίκος (αρ.)	[fíkos]

lírio (m)	κρίνος (αρ.)	[krínos]
gerânio (m)	γεράνι (ουδ.)	[jeráni]
jacinto (m)	υάκινθος (αρ.)	[iákinθos]

mimosa (f)	μιμόζα (θηλ.)	[mimóza]
narciso (m)	νάρκισσος (αρ.)	[nárkisos]
capuchinha (f)	καπουτσίνος (αρ.)	[kaputsínos]

orquídea (f)	ορχιδέα (θηλ.)	[orxiðéa]
peónia (f)	παιώνια (θηλ.)	[peónia]
violeta (f)	μενεξές (αρ.), βιολέτα (θηλ.)	[meneksés], [violéta]

amor-perfeito (m)	βιόλα η τρίχρωμη (θηλ.)	[vióla i tríxromi]
não-me-esqueças (m)	μη-με-λησμόνει (ουδ.)	[mi-me-lizmóni]
margarida (f)	μαργαρίτα (θηλ.)	[marɣaríta]

papoula (f)	παπαρούνα (θηλ.)	[paparúna]
cânhamo (m)	κάνναβη (θηλ.)	[kánavi]
hortelã (f)	μέντα (θηλ.)	[ménda]

lírio-do-vale (m)	μιγκέ (ουδ.)	[mingé]
campânula-branca (f)	γάλανθος ο χιονώδης (αρ.)	[ɣálanθos oxonóðis]

urtiga (f)	τσουκνίδα (θηλ.)	[tsukníða]
azeda (f)	λάπαθο (ουδ.)	[lápaθo]
nenúfar (m)	νούφαρο (ουδ.)	[núfaro]
feto (m), samambaia (f)	φτέρη (θηλ.)	[ftéri]
líquen (m)	λειχήνα (θηλ.)	[lixína]

estufa (f)	θερμοκήπιο (ουδ.)	[θermokípio]
relvado (m)	γκαζόν (ουδ.)	[gazón]
canteiro (m) de flores	παρτέρι (ουδ.)	[partéri]

planta (f)	φυτό (ουδ.)	[fitó]
erva (f)	χορτάρι (ουδ.)	[xortári]
folha (f) de erva	χορταράκι (ουδ.)	[xortaráki]

folha (f)	φύλλο (ουδ.)	[fíl⁀o]
pétala (f)	πέταλο (ουδ.)	[pétal⁀o]
talo (m)	βλαστός (αρ.)	[vl⁀astós]
tubérculo (m)	βολβός (αρ.)	[vol⁀vós]

| broto, rebento (m) | βλαστάρι (ουδ.) | [vl⁀astári] |
| espinho (m) | αγκάθι (ουδ.) | [angáθi] |

florescer (vi)	ανθίζω	[anθízo]
murchar (vi)	ξεραίνομαι	[kserénome]
cheiro (m)	μυρωδιά (θηλ.)	[miroðiá]
cortar (flores)	κόβω	[kóvo]
colher (uma flor)	μαζεύω	[mazévo]

146. Cereais, grãos

grão (m)	σιτηρά (ουδ.πλ.)	[sitirá]
cereais (plantas)	δημητριακών (ουδ.πλ.)	[ðimitriakón]
espiga (f)	στάχυ (ουδ.)	[stáxi]

trigo (m)	σιτάρι (ουδ.)	[sitári]
centeio (m)	σίκαλη (θηλ.)	[síkali]
aveia (f)	βρώμη (θηλ.)	[vrómi]
milho-miúdo (m)	κεχρί (ουδ.)	[kexrí]
cevada (f)	κριθάρι (ουδ.)	[kriθári]

milho (m)	καλαμπόκι (ουδ.)	[kal⁀ambóki]
arroz (m)	ρύζι (ουδ.)	[rízi]
trigo-sarraceno (m)	μαυροσίταρο (ουδ.)	[mavrosítaro]

ervilha (f)	αρακάς (αρ.), μπιζελιά (θηλ.)	[arakás], [bizeliá]
feijão (m)	κόκκινο φασόλι (ουδ.)	[kókino fasóli]
soja (f)	σόγια (θηλ.)	[sója]
lentilha (f)	φακή (θηλ.)	[fakí]
fava (f)	κουκί (ουδ.)	[kukí]

PAÍSES. NACIONALIDADES

147. Europa Ocidental

Europa (f)	Ευρώπη (θηλ.)	[evrópi]
União (f) Europeia	Ευρωπαϊκή Ένωση (θηλ.)	[evropaikí énosi]

Áustria (f)	Αυστρία (θηλ.)	[afstría]
Grã-Bretanha (f)	Μεγάλη Βρετανία (θηλ.)	[meγáli vretanía]
Inglaterra (f)	Αγγλία (θηλ.)	[anglía]
Bélgica (f)	Βέλγιο (ουδ.)	[vélʲjo]
Alemanha (f)	Γερμανία (θηλ.)	[jermanía]

Países (m pl) Baixos	Κάτω Χώρες (θηλ.πλ.)	[káto xóres]
Holanda (f)	Ολλανδία (θηλ.)	[olʲandía]
Grécia (f)	Ελλάδα (θηλ.)	[elʲáða]
Dinamarca (f)	Δανία (θηλ.)	[ðanía]
Irlanda (f)	Ιρλανδία (θηλ.)	[irlʲandía]
Islândia (f)	Ισλανδία (θηλ.)	[islʲandía]

Espanha (f)	Ισπανία (θηλ.)	[ispanía]
Itália (f)	Ιταλία (θηλ.)	[italía]
Chipre (m)	Κύπρος (θηλ.)	[kípros]
Malta (f)	Μάλτα (θηλ.)	[málʲta]

Noruega (f)	Νορβηγία (θηλ.)	[norvijía]
Portugal (m)	Πορτογαλία (θηλ.)	[portoγalía]
Finlândia (f)	Φινλανδία (θηλ.)	[finlʲandía]
França (f)	Γαλλία (θηλ.)	[γalía]

Suécia (f)	Σουηδία (θηλ.)	[suiðía]
Suíça (f)	Ελβετία (θηλ.)	[elʲvetía]
Escócia (f)	Σκοτία (θηλ.)	[skotía]

Vaticano (m)	Βατικανό (ουδ.)	[vatikanó]
Liechtenstein (m)	Λίχτενσταϊν (ουδ.)	[líxtenstajn]
Luxemburgo (m)	Λουξεμβούργο (ουδ.)	[lʲuksemvúrγo]
Mónaco (m)	Μονακό (ουδ.)	[monakó]

148. Europa Central e de Leste

Albânia (f)	Αλβανία (θηλ.)	[alʲvanía]
Bulgária (f)	Βουλγαρία (θηλ.)	[vulʲγaría]
Hungria (f)	Ουγγαρία (θηλ.)	[ungaría]
Letónia (f)	Λετονία (θηλ.)	[letonía]

Lituânia (f)	Λιθουανία (θηλ.)	[liθuanía]
Polónia (f)	Πολωνία (θηλ.)	[polʲonía]

Roménia (f)	Ρουμανία (θηλ.)	[rumanía]
Sérvia (f)	Σερβία (θηλ.)	[servía]
Eslováquia (f)	Σλοβακία (θηλ.)	[slʲovakía]
Croácia (f)	Κροατία (θηλ.)	[kroatía]
República (f) Checa	Τσεχία (θηλ.)	[tsexía]
Estónia (f)	Εσθονία (θηλ.)	[esθonía]
Bósnia e Herzegovina (f)	Βοσνία-Ερζεγοβίνη (θηλ.)	[voznía erzeɣovini]
Macedónia (f)	Μακεδονία (θηλ.)	[makeðonía]
Eslovénia (f)	Σλοβενία (θηλ.)	[slʲovenía]
Montenegro (m)	Μαυροβούνιο (ουδ.)	[mavrovúnio]

149. Países da ex-URSS

Azerbaijão (m)	Αζερμπαϊτζάν (ουδ.)	[azerbajdzán]
Arménia (f)	Αρμενία (θηλ.)	[armenía]
Bielorrússia (f)	Λευκορωσία (θηλ.)	[lefkorosía]
Geórgia (f)	Γεωργία (θηλ.)	[ɟeorʝía]
Cazaquistão (m)	Καζακστάν (ουδ.)	[kazakstán]
Quirguistão (m)	Κιργιζία (ουδ.)	[kirʝizía]
Moldávia (f)	Μολδαβία (θηλ.)	[molʲðavía]
Rússia (f)	Ρωσία (θηλ.)	[rosía]
Ucrânia (f)	Ουκρανία (θηλ.)	[ukranía]
Tajiquistão (m)	Τατζικιστάν (ουδ.)	[tadzikistán]
Turquemenistão (m)	Τουρκμενιστάν (ουδ.)	[turkmenistán]
Uzbequistão (f)	Ουζμπεκιστάν (ουδ.)	[uzbekistán]

150. Asia

Ásia (f)	Ασία (θηλ.)	[asía]
Vietname (m)	Βιετνάμ (ουδ.)	[vietnám]
Índia (f)	Ινδία (θηλ.)	[inðía]
Israel (m)	Ισραήλ (ουδ.)	[izraílʲ]
China (f)	Κίνα (θηλ.)	[kína]
Líbano (m)	Λίβανος (αρ.)	[lívanos]
Mongólia (f)	Μογγολία (θηλ.)	[mongolía]
Malásia (f)	Μαλαισία (θηλ.)	[malesía]
Paquistão (m)	Πακιστάν (ουδ.)	[pakistán]
Arábia (f) Saudita	Σαουδική Αραβία (θηλ.)	[sauðikí aravia]
Tailândia (f)	Ταϊλάνδη (θηλ.)	[tajlʲánðí]
Taiwan (m)	Ταϊβάν (θηλ.)	[tajván]
Turquia (f)	Τουρκία (θηλ.)	[turkía]
Japão (m)	Ιαπωνία (θηλ.)	[japonía]
Afeganistão (m)	Αφγανιστάν (ουδ.)	[afɣanistán]
Bangladesh (m)	Μπαγκλαντές (ουδ.)	[banglʲadés]

Indonésia (f)	Ινδονησία (θηλ.)	[inðonisía]
Jordânia (f)	Ιορδανία (θηλ.)	[iorðanía]
Iraque (m)	Ιράκ (ουδ.)	[irák]
Irão (m)	Ιράν (ουδ.)	[irán]
Camboja (f)	Καμπότζη (θηλ.)	[kabódzi]
Kuwait (m)	Κουβέιτ (ουδ.)	[kuvéjt]
Laos (m)	Λάος (ουδ.)	[lʲáos]
Myanmar (m), Birmânia (f)	Μιανμάρ (ουδ.)	[mianmár]
Nepal (m)	Νεπάλ (ουδ.)	[nepálʲ]
Emirados Árabes Unidos	Ηνωμένα Αραβικά Εμιράτα (θηλ.πλ.)	[inoména araviká emiráta]
Síria (f)	Συρία (θηλ.)	[siría]
Palestina (f)	Παλαιστίνη (θηλ.)	[palestíni]
Coreia do Sul (f)	Νότια Κορέα (θηλ.)	[nótia koréa]
Coreia do Norte (f)	Βόρεια Κορέα (θηλ.)	[vória koréa]

151. América do Norte

Estados Unidos da América	Ηνωμένες Πολιτείες Αμερικής (θηλ.πλ.)	[inoménes politíes amerikís]
Canadá (m)	Καναδάς (αρ.)	[kanaðás]
México (m)	Μεξικό (ουδ.)	[meksikó]

152. América Central do Sul

Argentina (f)	Αργεντινή (θηλ.)	[arjendiní]
Brasil (m)	Βραζιλία (θηλ.)	[vrazilía]
Colômbia (f)	Κολομβία (θηλ.)	[kolʲomvía]
Cuba (f)	Κούβα (θηλ.)	[kúva]
Chile (m)	Χιλή (θηλ.)	[xilí]
Bolívia (f)	Βολιβία (θηλ.)	[volivía]
Venezuela (f)	Βενεζουέλα (θηλ.)	[venezuélʲa]
Paraguai (m)	Παραγουάη (θηλ.)	[parayuái]
Peru (m)	Περού (ουδ.)	[perú]
Suriname (m)	Σούριναμ (ουδ.)	[súrinam]
Uruguai (m)	Ουρουγουάη (θηλ.)	[uruɣuái]
Equador (m)	Εκουαδόρ (ουδ.)	[ekuaðór]
Bahamas (f pl)	Μπαχάμες (θηλ.πλ.)	[baxámes]
Haiti (m)	Αϊτή (θηλ.)	[aití]
República (f) Dominicana	Δομινικανή Δημοκρατία (θηλ.)	[ðominikaní ðimokratía]
Panamá (m)	Παναμάς (αρ.)	[panamás]
Jamaica (f)	Τζαμάικα (θηλ.)	[dzamájka]

153. Africa

Egito (m)	Αίγυπτος (θηλ.)	[éjiptos]
Marrocos	Μαρόκο (ουδ.)	[maróko]
Tunísia (f)	Τυνησία (θηλ.)	[tinisía]
Gana (f)	Γκάνα (θηλ.)	[gána]
Zanzibar (m)	Ζανζιβάρη (θηλ.)	[zanzivári]
Quénia (f)	Κένυα (θηλ.)	[kénia]
Líbia (f)	Λιβύη (θηλ.)	[livíi]
Madagáscar (m)	Μαδαγασκάρη (θηλ.)	[maðaɣaskári]
Namíbia (f)	Ναμίμπια (θηλ.)	[namíbia]
Senegal (m)	Σενεγάλη (θηλ.)	[seneɣáli]
Tanzânia (f)	Τανζανία (θηλ.)	[tanzanía]
África do Sul (f)	Δημοκρατία της Νότιας Αφρικής (θηλ.)	[ðimokratía tis nótias afrikís]

154. Austrália. Oceania

Austrália (f)	Αυστραλία (θηλ.)	[afstralía]
Nova Zelândia (f)	Νέα Ζηλανδία (θηλ.)	[néa zilʲanðía]
Tasmânia (f)	Τασμανία (θηλ.)	[tazmanía]
Polinésia Francesa (f)	Γαλλική Πολυνησία (θηλ.)	[ɣalikí polinisía]

155. Cidades

Amesterdão	Άμστερνταμ (ουδ.)	[ámsterdam]
Ancara	Άγκυρα (θηλ.)	[ángira]
Atenas	Αθήνα (θηλ.)	[aθína]
Bagdade	Βαγδάτη (θηλ.)	[vaɣðáti]
Banguecoque	Μπανγκόκ (ουδ.)	[bangkók]
Barcelona	Βαρκελώνη (θηλ.)	[varkelʲóni]
Beirute	Βηρυτός (θηλ.)	[viritós]
Berlim	Βερολίνο (ουδ.)	[verolíno]
Bombaim	Βομβάη (θηλ.)	[vomvái]
Bona	Βόννη (θηλ.)	[vóni]
Bordéus	Μπορντό (ουδ.)	[bordó]
Bratislava	Μπρατισλάβα (θηλ.)	[bratislʲáva]
Bruxelas	Βρυξέλλες (πλ.)	[vrikséles]
Bucareste	Βουκουρέστι (ουδ.)	[vukurésti]
Budapeste	Βουδαπέστη (θηλ.)	[vuðapésti]
Cairo	Κάιρο (ουδ.)	[káiro]
Calcutá	Καλκούτα (θηλ.)	[kalʲkúta]
Chicago	Σικάγο (ουδ.)	[sikáɣo]
Cidade do México	Πόλη του Μεξικό (θηλ.)	[póli tu meksikó]
Copenhaga	Κοπεγχάγη (θηλ.)	[kopenxáji]

Dar es Salaam	Νταρ Ες Σαλάμ (ουδ.)	[dar es salʲám]
Deli	Δελχί (ουδ.)	[ðelʲxí]
Dubai	Ντουμπάι (ουδ.)	[dubáj]
Dublin, Dublim	Δουβλίνο (ουδ.)	[ðuvlíno]
Düsseldorf	Ντίσελντορφ (ουδ.)	[díselʲdorf]
Estocolmo	Στοκχόλμη (θηλ.)	[stokxólʲmi]

Florença	Φλωρεντία (θηλ.)	[flʲorendía]
Frankfurt	Φρανκφούρτη (θηλ.)	[frankfúrti]
Genebra	Γενεύη (θηλ.)	[jenévi]
Haia	Χάγη (θηλ.)	[xáji]
Hamburgo	Αμβούργο (ουδ.)	[amvúryo]
Hanói	Ανόι (ουδ.)	[anój]
Havana	Αβάνα (θηλ.)	[avána]

Helsínquia	Ελσίνκι (ουδ.)	[elʲsínki]
Hiroshima	Χιροσίμα (θηλ.)	[xirosíma]
Hong Kong	Χονγκ Κονγκ (ουδ.)	[xong kong]
Istambul	Κωνσταντινούπολη (θηλ.)	[konstandinúpoli]
Jerusalém	Ιεροσόλυμα (θηλ.)	[ierosólima]

Kiev	Κίεβο (ουδ.)	[kíevo]
Kuala Lumpur	Κουάλα Λουμπούρ (θηλ.)	[kuálʲa lʲubúr]
Lisboa	Λισαβόνα (θηλ.)	[lisavóna]
Londres	Λονδίνο (ουδ.)	[lʲonðíno]
Los Angeles	Λος Άντζελες (ουδ.)	[lʲos ándzeles]
Lion	Λιόν (θηλ.)	[lión]

Madrid	Μαδρίτη (θηλ.)	[maðríti]
Marselha	Μασσαλία (θηλ.)	[masalía]
Miami	Μαϊάμι (ουδ.)	[majámi]
Montreal	Μόντρεαλ (ουδ.)	[móntrealʲ]
Moscovo	Μόσχα (θηλ.)	[mósxa]
Munique	Μόναχο (ουδ.)	[mónaxo]

Nairóbi	Ναϊρόμπι (ουδ.)	[najróbi]
Nápoles	Νεάπολη (θηλ.)	[neápoli]
Nice	Νίκαια (θηλ.)	[níkea]
Nova York	Νέα Υόρκη (θηλ.)	[néa jórki]

Oslo	Όσλο (ουδ.)	[óslʲo]
Ottawa	Οτάβα (θηλ.)	[otáva]
Paris	Παρίσι (ουδ.)	[parísi]
Pequim	Πεκίνο (ουδ.)	[pekíno]
Praga	Πράγα (θηλ.)	[práγa]

Rio de Janeiro	Ρίο ντε Ζανέιρο (ουδ.)	[río de zanéjro]
Roma	Ρώμη (θηλ.)	[rómi]
São Petersburgo	Αγία Πετρούπολη (θηλ.)	[ajía petrúpoli]
Seul	Σεούλ (ουδ.)	[seúlʲ]
Singapura	Σιγκαπούρη (θηλ.)	[singapúri]
Sydney	Σίδνεϊ (θηλ.)	[síðnej]

Taipé	Ταϊπέι (θηλ.)	[tajpéj]
Tóquio	Τόκιο (ουδ.)	[tókio]
Toronto	Τορόντο (ουδ.)	[toróndo]

Varsóvia	Βαρσοβία (θηλ.)	[varsovía]
Veneza	Βενετία (θηλ.)	[venetía]
Viena	Βιέννη (θηλ.)	[viéni]
Washington	Ουάσινγκτον (θηλ.)	[wáʃington]
Xangai	Σαγκάη (θηλ.)	[sangái]

www.ingramcontent.com/pod-product-compliance
Lightning Source LLC
Chambersburg PA
CBHW070554050426
42450CB00011B/2867